한국어 학습 총서 09

Korean Grammar Practice for Foreigners

English Version

Advanced Level

고급

외국인을 위한

한국어 문법 연습

연세대학교 한국어학당 편

연세대학교 출판문화원

Preface

53 years have passed since the Yonsei Korean Language Institute was established. During the last 53 years, the Yonsei Korean Language Institute has published many textbooks such as conversational textbooks, textbooks for different language functions, textbooks for practicing and application. However, as the number of learners of Korean language has increased, their needs became diversified which leads to the need for differentiated and strategic textbooks focusing on Korean vocabulary and grammar. To meet the needs, the Yonsei Korean Language Institute came to publish <Korean Grammar Practice for Foreigners> and <Korean Vocabulary Practice for Foreigners>.

<Korean Grammar Practice for Foreigners> is composed of three levels(beginner's, intermediate and advanced), and is designed to promote the proficiency of Korean language learners by improving learner's grammatical capacity. <Korean Grammar Practice for Foreigners> is structured to prepare for various types of current Korean proficiency exams, thus the grammatical items selected in this book are covered by Korean textbooks and Korean proficiency exams. The selected grammatical items are distributed into three levels, and the textbook explains the definitions and its function for each grammatical item and presents examples. Various types of questions contained in this textbook also allow the learners to apply the grammatical items learned in real life.

<Korean Grammar Practice for Foreigners> may be utilized as a supplementary textbook for studying grammar in Korean language institutes, and as a self-study kit. We hope that this textbook may contribute to the learners of Korean to effectively study grammar and improve in Korean proficiency.

Textbook Compilation Committee, Korean Language Institute,
The Institute of Language Research & Education, Yonsei University

머리말

연세대학교 한국어학당이 창립된 지 올해로 53주년이 되었습니다. 지난 53년 동안 연세대학교 한국어학당은 회화 교재, 언어기능별 교재, 활용연습용 교재 등 많은 교재를 집필, 출간해 왔습니다. 그러나 최근 한국어를 배우는 학습자들이 늘면서 그들의 요구도 다양해졌으며, 한국어 어휘와 문법에 초점을 둔 차별화되고 전략화된 학습용 교재가 필요하게 되었습니다. 이러한 요구에 힘입어 한국어학당에서는 〈외국인을 위한 한국어 어휘 연습〉과 〈외국인을 위한 한국어 문법 연습〉 교재를 출간하게 되었습니다.

〈외국인을 위한 한국어 문법 연습〉 교재는 초급과 중급, 고급의 3권으로 구성되었으며, 한국어를 공부하는 학습자들의 문법 능력을 향상시켜 한국어 숙달도를 높일 수 있도록 고안되었습니다. 특히 〈외국인을 위한 한국어 문법 연습〉은 현재 시행되고 있는 다양한 한국어능력 평가 시험에 대비하도록 구성되어, 한국어 교재와 한국어능력 평가 시험에서 다루어지고 있는 문법 항목을 등급에 맞게 선정하여 각 문법 항목의 의미와 기능을 설명하고 예문을 제시하였습니다. 또한 다양한 문제를 통해 학습한 문법을 활용할 수 있도록 구성되었습니다.

〈외국인을 위한 한국어 문법 연습〉은 한국어교육기관에서 문법 학습을 위한 부교재로 활용할 수 있으며 혼자서 공부하는 학습자는 자습용으로 활용할 수 있습니다. 본 교재가 한국어 학습자들이 효율적으로 문법을 학습하여 한국어능력을 향상할 수 있도록 하는 데 기여할 수 있기를 바랍니다.

연세대학교 언어연구교육원 한국어학당 교재편찬위원회

Introductory Remarks

1. 『Korean Grammar Practice for Foreigners (Advanced level)』 was developed for Korean as Foreign Language Learners to comprehend the Korean grammar structure and learn accurate usage to help learners construct correct sentences in Korean.
2. This study-aid carries grammatical items, which Korean learners should know at the advanced level.
3 This study-aid not only covers various types of questions to promote the grammar capacity of Korean learners in advanced level, but also questions similar to the Test of Proficiency in Korean(TOPIK) questions to prepare for the TOPIK.
4. This study-aid separated the sections into 'Grammar' and 'Practice Questions'. The 'Grammar' section includes detailed explanations on the usage of grammatical items, forms of utilization, examples and questions to answer based on the learner's understanding. The 'Practice Questions' include various and comprehensive practice questions regarding the grammatical items listed in the 'Grammar' section.
5. This study-aid carries 100 advanced level grammatical items.
6. The selection of the advanced level grammatical items is based on the grammatical items listed in various advanced level Korean textbooks, and the grammatical items covered by the TOPIK (advanced level) were also included.
7. The <Usage> section within the 'Grammar' carries detailed explanations on the usage of the grammatical items for the learners to understand easily and presents similar grammatical forms as well.
8. In the <Forms of Utilization>, as many as examples, which show various forms of utilization, are included to allow the learners to use it correctly.
9. The <Example> section lists various sample sentences which allow learners to understand the usage of the grammatical items easily and to confirm various forms of utilization.
10. For learners to use the grammatical items correctly, the 'Note' section carries information on various cases and explanations such as when the item can be used by comparing or contrasting, used as different usage and when there is an exception to the usage of a grammatical item.
11. The <Practice> section is composed of conversation completion, sentence completion and connecting sentences.
12. The 'Practice Questions' is organized, which allows learners to be able to comprehend and confirm the meaning and structure of grammatical items learned in the 'Grammar' section through various question types formed of context and situation.
13. The <Answer Key> provides answers to the exercises in the <Practice> and the 'Practice Questions' to help learners to study alone.
14. In the <Grammar Index>, entry words, forms of utilization and forms listed in the 'Note' were included according to the grammatical items covered in the 'Grammar' section to help learners to find entries easily. They are sorted in alphabetical(가나다) order, and listed with page numbers.
15. 『Korean Grammar Practice for Foreigners (Advanced level)』 includes translation for learners to understand easily.

일러두기

1. 『외국인을 위한 한국어 문법 연습』은 외국어로서의 한국어를 배우는 외국인 학습자들이 한국어의 문법 구조를 이해하고 정확한 용법을 파악하여 올바른 한국어 문장을 만들 수 있도록 하는 데 도움을 주고자 하였다.
2. 이 책은 외국인 학습자들을 위한 문법서로 학습자가 고급 단계에서 알아야 할 문법을 실었다.
3. 이 책은 고급 한국어 학습자의 문법 능력을 향상시킬 수 있는 다양한 유형의 문제를 다루었으며, 한국어능력시험(TOPIK)에 대비하도록 한국어능력시험의 문제 유형도 함께 다루었다.
4. 이 책은 '문법 알아보기'와 '연습문제'로 나눠 실었다. '문법 알아보기'에서는 문법 항목에 대한 상세한 용법 설명과 활용 형태, 예문을 제시하고 이에 대한 이해를 바탕으로 문제를 풀 수 있도록 〈연습〉을 실었으며, '연습문제'에서는 '문법 알아보기'에서 제시한 문법 항목에 대한 다양하고 종합적인 연습문제를 실었다.
5. 이 책에는 100개의 고급 문법을 실었다.
6. 고급 문법의 선정은 다양한 한국어 교재(고급)에 나오는 문법을 기본으로 하였으며 한국어능력시험(고급)에서 다루고 있는 문법 항목을 첨가하였다.
7. '문법 알아보기'에서 다룬 〈용법〉에서는 문법의 용법에 대한 상세한 설명을 쉽게 이해할 수 있도록 하였으며 유사한 문법의 형태도 함께 제시하였다.
8. 〈활용 형태〉에서는 문법에 따라 다양한 형태로 활용되는 예를 최대한 보여 주어 정확하게 사용할 수 있도록 하였다.
9. 〈예문〉에서는 용법을 잘 이해할 수 있는 예문과 다양한 활용 형태를 확인할 수 있는 예문 등을 중심으로 제시하였다.
10. 문법에 따라 〈참고〉를 두었는데 〈참고〉에서는 유사한 문법이 있는 경우 비교, 대조하여 사용할 수 있으며, 다른 용법으로 사용이 되는 경우, 예외가 있는 경우 등 다양한 경우에 맞게 보충 설명과 그에 맞는 예문을 실어 정확하게 사용할 수 있도록 하였다.
11. 〈연습〉은 해당 문법을 가장 잘 이해하고 사용할 수 있도록 대화 완성하기, 문장 완성하기, 두 문장 연결하기 등으로 구성하였다.
12. '연습문제'는 '문법 알아보기'에서 학습한 문법의 의미와 구조를 맥락과 상황으로 이루어진 다양한 문제 유형을 통해 이해 · 확인할 수 있도록 구성하였다.
13. 〈모범 답안〉에서는 '문법 알아보기'에 있는 〈연습〉의 모범 답안과 '연습문제'의 모범 답안을 알기 쉽게 제시하여 학습자가 혼자 공부하는 데 도움이 되도록 하였다.
14. 〈문법 색인〉에서는 '문법 알아보기'에서 다룬 문법에 따라 표제어 및 활용 형태, 참고에 제시된 형태를 모두 실어 학습자들이 쉽게 찾을 수 있도록 하였으며, 모두 '가나다' 순으로 정리하여 그 문법이 실려 있는 쪽수와 함께 제시하였다.
15. 『외국인을 위한 한국어 문법 연습』은 외국인 학습자의 이해를 돕기 위해 번역을 함께 실었다.

차례

contents

Ⅱ. 연습문제

부록

I

문법 알아보기

문법 알아보기

ㄱ

001 | -거늘

용법 Usage

앞 문장의 사실이 당연한 것이므로 그 사실로 미루어 뒤에 오는 문장의 내용도 그러할 것임을 강조하는 예스러운 표현이다. 뒤 문장에서 '하물며', '어찌', '-는가', '-으랴' 등과 함께 쓰는 경우가 많다.

As a traditional ending, this emphasizes that the preceding clause is reasonable and that the following clause is as plausible as the preceding one. It is often followed by a clause starting with '하물며' or '어찌' and ending with '-는가' or '-으랴'.

활용 형태 Forms of Utilization

-거늘
동사나 형용사의 어간 뒤에 사용한다.
It is used behind the verb or adjectival stem.
예 먹**거늘**, 가**거늘**, 춥**거늘**, 깨끗하**거늘**

이거늘
명사 뒤에 사용한다.
It is used behind the noun.
예 사람**이거늘**, 친구**이거늘**

-었거늘/았거늘/였거늘
과거의 사실을 나타낼 때 동사나 형용사의 어간 뒤에 사용한다.
It is used behind the verb or adjectival stem to show a fact from the past.
예 뽑**았거늘**, 냉정**했거늘**

예문 Example

❶ 십 년이면 강산도 변하거늘 하물며 사람의 마음이 변하지 않으랴.
If mountains and rivers can change in ten years, how then can a person's heart not change.

❷ 저들도 인간이거늘 어찌 인간의 도리를 모른단 말이오?
For they are human beings as well, how is it that they do not know the duty of humans?

❸ 내가 그리 여러 번 타일렀거늘 아무 소용이 없었단 말인가?
Are you telling me that all those times that I have admonished you have been useless?

연습 Practice '-거늘'을 사용하여 두 문장을 한 문장으로 만드십시오.
Combine two sentences into one by using '-거늘'.

1. 이렇게 애타게 찾고 있다 / 도대체 어디로 사라졌단 말인가?

➡ ______________________________

2. 의리를 지키는 것이 중요하다 / 이렇게 우리의 믿음을 저버릴 수 있는가?

➡ ______________________________

3. 그동안 온 가족이 병원 뒷바라지로 고생하는 것을 봤다 / 그 정성을 모르랴.

➡ ______________________________

002 | –거니와

용법 Usage

앞 문장의 내용을 인정하면서 뒤의 사실을 덧붙임을 나타낸다. 앞의 사실에 더해 뒤의 사실까지 있어서 더 어떠하다는 의미이다. 명사를 강조하여 '도 –거니와'의 형태로 자주 쓰이며, '–으려니와'와 유사한 의미로 쓰인다.

This is used to admit an event in the clause, suggesting an addition of another fact. To put emphasis on the noun, it is often used in a form of 'noun+도 –거니와'. '–으려니와' is a similar ending.

활용 형태 Forms of Utilization

–거니와 동사나 형용사의 어간 뒤에 사용한다.
It is used behind the verb or adjectival stem.

예 묻**거니와**, 변하**거니와**, 번거롭**거니와**, 복잡하**거니와**

이거니와 명사 뒤에 사용한다.
It is behind the noun.

예 해결책**이거니와**, 문제**이거니와**

–었거니와/았거니와/였거니와
과거의 사실을 나타낼 때 동사나 형용사의 어간 뒤에 사용한다.
It is used behind the verb or adjectival stem to show a fact from the past.

예 일**했거니와**, 예**뻤거니와**

–겠거니와 의지나 추측을 나타낼 때 동사나 형용사의 어간 뒤에 사용한다.
It is used behind the verb or adverbial stem to express one's will or supposition.

예 인상되**겠거니와**, 번거롭**겠거니와**

예문 Example

❶ 상사는 부하를 인격적으로 대해야 하거니와 업무 수행에 대해서도 정당한 평가를 해 주어야 한다.
Not only does a superior need to treat subordinate with dignity, but he must also give fair evaluation when it comes to work performance.

❷ 이번 지진으로 인한 경제적 손실도 손실이거니와 인명 피해도 상당해 집계가 늦어지고 있다.
Not only is there an economic loss due to the earthquake, the death toll is also so great that the count is being delayed.

❸ 예전에는, 결혼하라는 부모님의 성화도 심했거니와 설령 취직한다고 해도 승진이 되지 않았기 때문에 취직을 하지 않는 여성들이 많았다.
In the past, not only were the vexing to get married by parents extreme, but even if one did indeed get employed, promotions didn't happen, so many women did not try to get employed.

❹ 인터넷 민원 제기도 하겠거니와 직접 찾아가 호소도 해 볼 생각입니다.
I am not only thinking of lodging an online complaint, but also of appealing to them in person.

연습 Practice '-거니와'를 사용하여 문장을 완성하십시오.
Complete the sentence by using '-거니와'.

1. 김 부장은 ______________________________ 대인관계도 좋아 평판이 좋다.
2. 동시 통역사가 되려면 ______________________________
3. 논문의 ______________________________ 자료의 적절성에 대한 문제 제기가 있었다.

003 | –거들랑

용법 Usage

앞 문장에서 뒤 문장의 행위를 하게 되는 조건이나 경우를 미리 제시함을 나타낸다. '–거든'과 유사한 의미로 쓰이며 뒤 문장에는 명령형이나 청유형이 온다.
Similar to '거든', this indicates a condition on or a circumstance in which the following action should happen. It is typically followed by an imperative or propositive clause.

활용 형태 Forms of Utilization

–거들랑 동사나 형용사의 어간 뒤에 사용한다.
It is used behind the verb or adjectival stem.

예 받**거들랑**, 오**거들랑**, 밉**거들랑**, 아프**거들랑**

이거들랑 명사 뒤에 사용한다
It is used behind the noun.

예 방학**이거들랑**, 독자**이거들랑**

–었거들랑/았거들랑/였거들랑
과거의 완료된 사실을 나타낼 때 동사의 어간 뒤에 사용한다.
It is used behind the verb or adjectival stem to show a completed fact from the past.

예 배**웠거들랑**

–겠거들랑 추측을 나타낼 때 동사나 형용사의 어간 뒤에 사용한다.
It is used behind the verb or adjectival stem to express one's supposition.

예 모르**겠거들랑**, 힘들**겠거들랑**

예문 Example

❶ 기회가 오거들랑 놓치지 말고 잡으세요.
When there is a chance, don't let it go and hold onto it.

❷ 불성실한 사람이거들랑 채용하지 맙시다.
If there is a person who is not diligent, let's not hire him.

❸ 식사를 하고 왔거들랑 차만 대접합시다.
If he already had meal, let's just teat him with some tea.

❹ 잊을 수 있겠거들랑 헤어지겠다고 말해라.
When you can forget him, then tell him that you will break up with him.

연습 Practice 맞는 문장을 고르십시오.
Choose the right sentence.

1. 이번 발표도 내용이 부실하거들랑 주의를 줍시다. (　　)
   이번 발표도 내용이 부실하거들랑 주의를 줬습니다. (　　)

2. 잘 해보려는 성의를 보였거들랑 부족한 점을 지적하세요. (　　)
   잘 해보려는 성의를 보였거들랑 부족해도 나무라지 마세요. (　　)

3. 부장이 쓸데없는 간섭을 하거들랑 한마디 하세요. (　　)
   부장이 쓸데없는 간섭을 하거들랑 한마디 했어요. (　　)

004 | –건대

용법 Usage

주로 '보다, 듣다, 생각하다, 바라다, 느끼다' 등에 붙어 쓰이며, 뒤 문장에서 하려는 말의 근거나 출처를 나타낸다. 의미상의 이유로 '바라건대'에는 명령형, 청유형을 쓸 수 있지만 다른 동사에는 명령형, 청유형이 올 수 없다.

Added to a verb, '보다', '듣다', '생각하다', '바라다', '느끼다', etc, this expresses a ground or basis on which the following event should happen. No verb, except for '바라건대', can be followed by an imperative or propositive clause.

활용 형태 Forms of Utilization

–건대 동사의 어간 뒤에 사용한다.
It is used behind the verb stem.

예 듣**건대**, 느끼**건대**

예문 Example

❶ 내가 생각해 보건대 이 일은 이미 재고의 여지가 없는 것 같다.
When I consider this there is no need to reconsider this work.

❷ 제가 듣건대 그 회사는 요즘 자금난에 시달리고 있다고 합니다.
I have heard that company is struggling with a lack of finances these days.

❸ 바라건대 다시는 이런 사고가 재발하지 않도록 해주십시오.
It is my wish that an accident like this does not occur ever again.

연습 Practice 맞는 문장을 고르십시오.
Choose the right sentence.

1. 제가 생각하건대 서로 조금씩 양보하면 문제가 해결될 겁니다. ( )
   제가 생각하건대 서로 조금씩 양보해서 문제를 해결합시다. ( )
2. 제가 느끼건대 이제라도 돌이킬 수 있으면 되돌립시다. ( )
   제가 느끼건대 이제는 돌이킬 수 없는 상황입니다. ( )
3. 간절히 원하건대 진실이 무엇입니까? ( )
   간절히 원하건대 진실을 말씀해 주십시오. ( )

005 | -건마는

용법 Usage

앞 문장이 나타내는 사실이나 앞 문장의 내용으로 예상되는 결과와 반대되는 상황이 뒤 문장으로 이어질 때 쓰는 표현이다. '-건마는'은 '-건만'으로 줄여 쓸 수 있다.

This ending suggests that the following clause implies an opposition or contrast to the fact or expectation in the preceding clause. It can be contracted to '-건만'.

활용 형태 Forms of Utilization

-건마는

동사나 형용사의 어간 뒤에 사용한다.

It is used behind the verb or adjectival stem.

예 남**건마는**, 노력하**건마는**, 아름답**건마는**, 조용하**건마는**

이건마는

명사 뒤에 사용한다.

It is used behind the noun.

예 자식**이건마는**, 아내**이건마는**

-었건마는/았건마는/였건마는

과거의 사실을 나타낼 때 동사나 형용사의 어간 뒤에 사용한다.

It is used behind the verb or adjectival stem to show a fact from the past.

예 쉬**었건마는**, 짧**았건마는**

-겠건마는

의지나 추측을 나타낼 때 동사나 형용사의 어간 뒤에 사용한다.

It is used behind the verb or adjectival stem to express one's will or supposition.

예 빌려주**겠건마는**, 고단하**겠건마는**

예문 Example

❶ 능력이 뛰어나건마는 인정해 주는 사람을 만나지 못한 것 같다.
It seems that despite being very talented but hasn't met someone who acknowledges him.

❷ 꿈이 많았던 사람이건마는 뜻을 펴지 못해 안타까울 뿐입니다.
I feel sorry that despite having many dreams he is unable to live them out.

❸ 여러 번 설명을 했건마는 이해를 못한 눈치이다.
It seems that despite having explained to him several times, he doesn't understand.

❹ 도와 달라고 하면 도와주겠건마는 자존심 때문인지 말을 하지 않는다.
He doesn't ask for help probably because of his pride despite the fact that I would help him if he asked.

연습 Practice '-건마는'을 사용하여 두 문장을 한 문장으로 만드십시오.
Combine two sentences into one using '-건마는'.

1. 물가가 계속 오르다 / 정부 당국은 별다른 대책을 세우지 못하고 있다.

➡ ____________________

2. 밤을 새워 준비를 했다 / 너무 긴장해 면접시험에서 실력 발휘를 못한 것 같다.

➡ ____________________

3. 10년 동안 동고동락했던 동료이다 / 회사를 그만 둔다니 무척 섭섭하다.

➡ ____________________

006 | -게끔

용법 Usage

뒤에 오는 행위에 대한 목적, 이유, 기준을 나타낸다. 어미 '-게'의 강조 형태로 '-하도록, -할 수 있도록'의 뜻이다.

As a more emphatic form of '-게' with the same meaning as '-하도록' or '-할 수 있도록', this indicates a purpose, reason, or basis for the following event.

활용 형태 Forms of Utilization

-게끔 동사나 형용사의 어간 뒤에 사용한다.

It is used behind the verb or adjectival stem.

예 믿**게끔**, 지나가**게끔**, 춥지 않**게끔**, 깨끗하**게끔**

예문 Example

❶ 부모님이 걱정하시지 않게끔 평소에 전화 연락을 드리세요.

Call your parents from time to time so that they do not worry.

❷ 아이들이 맑은 공기를 마실 수 있게끔 우리가 자연을 지켜야 합니다.

We need to protect nature so that our children can breathe in fresh air.

❸ 계획에 차질이 없게끔 행사내용을 사전에 확인하는 게 중요합니다.

It is important to check the details of the event beforehand so that there will be no problems with the plan.

연습 Practice

'-게끔'을 사용하여 문장을 완성하십시오.

Complete the sentence by using '-게끔'.

1. 후보자들은 ______________________________ 깨끗한 선거 운동을 해야 한다.

2. ____________________ 의사는 신중하고 신뢰감을 줄 수 있는 말을 해야 하지 않을까?

3. ______________________________________ 고객 서비스의 질을 높여야 합니다.

꼭~ 알아두기

007 | -겠거니 하다

용법 Usage 으레 그럴 거라고 단정하거나 미루어 짐작함을 의미한다.
This ending expresses a natural conclusion or inference derived from given facts.

활용 형태 Forms of Utilization

-겠거니 하다 동사나 형용사의 어간 뒤에 사용한다.
It is used behind the verb or adjectival stem.

예 찾**겠거니 하다**, 보이**겠거니 하다**, 쉽**겠거니 하다**, 예쁘**겠거니 하다**

이겠거니 하다 명사 뒤에 사용한다.
It is used behind the noun.

예 선물**이겠거니 하다**, 동료**이겠거니 하다**

-었겠거니/았겠거니/였겠거니 하다
과거의 사실을 나타낼 때 동사나 형용사의 어간 뒤에 사용한다.
It is used behind the verb or adjectival stem to show a fact from the past.

예 마음에 드**셨겠거니 하다**, 피곤**했겠거니 하다**

예문 Example

❶ 고기를 잘 먹겠거니 하고 준비했는데 별로 안 좋아하는 것 같았다.
I prepared the meat thinking that he would enjoy eating it, but it seems that he does not like it very much.

❷ 사무실 동료가 소개했다니 좋은 사람이겠거니 했어요.
Seeing as he was introduced to me by a work colleague, I assumed that he would be a good person.

❸ 다들 도착했겠거니 하고 들어가 보니 몇 명 없었어요.
I assumed that everyone would have arrived, but walked in to discover that only a few of them were there.

연습 Practice '-겠거니 하다'를 사용하여 대화를 완성하십시오.
Complete the conversation by using '-겠거니 하다'.

1. 가 : 부모들의 말다툼 내용을 듣고 상처받는 애들이 많다는데요. 왜 조심들을 안 하는지 모르겠어요.

   나 : ________________________________ 경우가 많다잖아요.

2. 가 : 오늘 중요한 결정을 해야 하는데 왜 이렇게 참석률이 저조하지요?

   나 : ____________________ 확인 연락을 안 한 것이 문제인 것 같습니다.

3. 가 : 이런 유흥업소에 고등학생을 출입시키면 어떻게 합니까?

   나 : 고등학생이라니요? 어른스러워 보여서 ____________________

008 | -겠냐마는

용법 Usage

추측한 앞 문장의 내용을 그러할 것이라고 당연시하나 그럼에도 그것이 뒤 문장의 내용에 영향을 미치지 않음을 나타낸다. '-으랴마는'과 유사한 의미로 쓰인다.
This ending suggests that the following clause is not affected by a guess in the preceding clause which is considered a matter of course. '-으랴마는' is a similar ending.

활용 형태 Forms of Utilization

-겠냐마는 동사나 형용사의 어간 뒤에 사용한다.
It is used behind the verb or adjectival stem.

예 받**겠냐마는**, 주**겠냐마는**, 싫**겠냐마는**, 나쁘**겠냐마는**

이겠냐마는 명사 뒤에 사용한다.
It is used behind the noun.

예 사장**이겠냐마는**, 대표**이겠냐마는**

-었겠냐마는/았겠냐마는/였겠냐마는
과거의 사실을 나타낼 때 동사나 형용사의 어간 뒤에 사용한다.
It is used behind the verb or adjectival stem to show a fact from the past.

예 배**웠겠냐마는**, 좋**았겠냐마는**

예문 Example

❶ 아니 땐 굴뚝에 연기가 나겠냐마는 그 소문은 도저히 믿을 수가 없네.
I know smoke doesn't come out of chimney where no fire has been made, but I still find it extremely difficult to believe that rumor.

❷ 저런 무책임한 사람들이 부모이겠냐마는 행여 그렇다면 큰일이군요.
There irresponsible people can't possibly be parents, but in the case that they are then that would be a big problem.

❸ 잠깐 사이에 무슨 일이 있었겠냐마는 별일이 없었는지 전화라도 해 보자.
Nothing could have happened during such a short time but let's call and check just in case.

연습 Practice '-겠냐마는'을 사용하여 같은 의미가 되도록 문장을 만드십시오.
Make a sentence that it would have the same meaning as the other one by using '-겠냐마는'.

1. 희귀한 자료라서 구하기 쉽지 않겠지만 찾아 봐야지.

➡ ____________________

2. 일이 잘못된 데에 사정이 있었겠지만 먼저 죄송하다고 사죄를 하는 게 도리다.

➡ ____________________

3. 사랑에 나이 차이가 무슨 상관이랴마는 전혀 신경이 쓰이지 않는 건 아니다.

➡ ____________________

009 | -고자

용법 Usage 어떤 행위의 목적이나 말하는 사람의 의도 또는 희망을 나타낸다.
This ending expresses a speaker's intention in performing an action or a desired result.

활용 형태 Forms of Utilization

-고자 동사의 어간 뒤에 사용한다.
It is used behind the verb stem.
예 듣**고자**, 가**고자**

이고자 명사 뒤에 사용한다.
It is used behind the noun.
예 선생**이고자**, 부모**이고자**

예문 Example

❶ 부모님의 사랑에 보답하고자 합니다.
I wish to compensate for my parents' love.

❷ 우리는 사고 원인을 밝히고자 최선을 다했습니다.
We did our best to uncover the cause for the accident.

❸ 학생들에게 좋은 교사이고자 노력해 왔습니다.
I tried to be a good teacher to the students.

연습 Practice '-고자'를 사용하여 대화를 완성하십시오.
Complete the conversation by using '-고자'.

1. 가 : 공청회를 개최하는 목적을 먼저 말씀해 주시겠습니까?
   나 : ______________________ 공청회를 개최했습니다.

2. 가 : 이번 행사의 취지는 무엇인지요?
   나 : ______________________ 자선 바자회를 마련했습니다.

3. 가 : 연구소에서 최근 집중 투자하고 있는 부문은 무엇인가요?
   나 : ______________________ 과감한 투자를 하고 있습니다.

010 | -기 그지없다

용법 Usage 어떤 상태가 끝이나 한이 없다는 의미로, 감정이나 상태가 이루 말할 수 없을 정도임을 강조하는 표현이다. '-기 짝이 없다', '-기 한이 없다'와 유사한 의미로 쓰인다.
Emphasizing the emotional state, this ending expresses an extremely intense feeling. '-기 짝이 없다' and '-기 한이 없다' are similar endings.

활용 형태 Forms of Utilization

-기 그지없다 형용사의 어간 뒤에 사용한다.
It is used behind the adjectival stem.

예 평화롭**기 그지없다**, 기쁘**기 그지없다**

예문 Example

❶ 영화의 마지막 장면이 너무 상투적이어서 실망스럽기 그지없었다.
The last scene of the movie was so banal that I couldn't be more disappointed.

❷ 아이들을 바라보는 스님의 얼굴은 선하기 그지없다.
The face of the monk looking upon the kids couldn't have been more good-natured.

❸ 아직도 뇌물을 요구하는 공무원이 있다니 한심하기 그지없군.
The fact that there are still public officials who request bribes couldn't be more deplorable.

연습 Practice '-기 그지없다'를 사용하여 같은 의미가 되도록 문장을 만드십시오.
Make a sentence that it would have the same meaning as the other one by using '-기 그지없다'.

1. 한 사람의 잘못으로 많은 사람이 손해를 입게 되니 너무 억울하군요.

➡ ______________________________

2. 한복을 곱게 차려 입은 신부의 모습은 무척 아름다웠다.

➡ ______________________________

3. 식구들이 모두 보는 앞에서 망신을 당하고 보니 분하기 짝이 없었다.

➡ ______________________________

011 | −기 나름이다

용법 Usage

어떻게 하느냐에 따라 일이나 행위의 결과가 달라짐을 의미한다.
This ending expresses that the outcome or result may vary depending on the magnitude of an action.

활용 형태 Forms of Utilization

−기 나름이다 동사의 어간 뒤에 사용한다
It is used behind the verb stem.

예 풀**기 나름이다**, 노력하**기 나름이다**

예문 Example

❶ 행복은 마음먹기 나름인 것 같아요.
I think happiness depends on what you decide to.

❷ 모든 일은 생각하기 나름입니다.
Everything depends on how you look at it.

❸ 아이들의 습관은 부모가 교육하기 나름입니다.
Children's habits depend on how the parents educate them.

참고 Note

'−기' 대신 명사가 오기도 한다.
Nouns may be used instead of '−기'.

- 화를 내고 안 내고는 성격 나름입니다.
- 원고 분량은 쓰는 사람 나름이니까 자유롭게 쓰세요.

연습 Practice '-기 나름이다'를 사용하여 대화를 완성하십시오.
Complete the conversation by using '-기 나름이다'.

1. 가 : 이번 시험에 제가 합격할 수 있을까요?

   나 : ____________________. 성실하게 준비한다면 붙을 수 있을 거야.

2. 가 : 이 제품의 수명은 어느 정도인가요?

   나 : ____________________. 어떻게 사용하느냐에 따라 수명이 결정되는 거지요.

3. 가 : 종교가 있는 사람들은 매사에 감사해 하고 행복하게 살겠지요?

   나 : ____________________. 종교가 있다고 해서 늘 마음이 편한 것은 아닌 것 같아요.

012 | –기 십상이다

용법 Usage 어떠한 상황이 되기 쉽다거나, 그런 경향 혹은 가능성이 크다는 의미를 나타낸다.
This ending indicates a high probability or tendency for something to happen.

활용 형태 Forms of Utilization

–기 십상이다 동사의 어간 뒤에 사용한다.
It is used behind the verb stem.

예 오해받**기 십상이다**, 실수하**기 십상이다**

예문 Example

❶ 수업시간에 자꾸 딴 짓을 하다가는 선생님께 야단맞기 십상이다.
You can easily get scolded by the teacher if you keep doing other things during class time.

❷ 눈이 많이 오는 날 그런 신발을 신고 다니다가는 미끄러지기 십상이다.
If you wear those kinds of shoes on a day when it snows a lot, you can easily slip and fall.

❸ 밤을 새워 일을 하면 그 다음날 일을 망치기 십상이다.
You can easily mess up the next day's work if you spend the whole night up working.

연습 Practice '–기 십상이다'를 사용하여 같은 의미가 되도록 문장을 만드십시오.
Make a sentence that it would have the same meaning as the other one by using '–기 십상이다'.

1. 살을 뺀 후에도 계속 운동을 하지 않으면 다시 살이 찌기 쉬워요.

➡ ______________________________

2. 혼자 막무가내로 일을 처리하다 보면 문제가 생길 가능성이 크다.

➡ ______________________________

3. 부실하고 실현성이 없는 공약을 내놓았다가는 유권자들에게 외면당하기 쉽습니다.

➡ ______________________________

013 | -기 일쑤이다

용법 Usage

어떤 일이 매우 자주 일어남을 나타내는 표현으로, 자신의 의지와 관계없이 자연스럽게 그렇게 되는 일에 대해 쓴다.
This is used when an event often happens naturally, regardless of will or intent.

활용 형태 Forms of Utilization

-기 일쑤이다 동사의 어간 뒤에 사용한다.
It is used behind the verb stem.

예 야단맞**기 일쑤이다**, 지각하**기 일쑤이다**

예문 Example

❶ 직장인들은 연말이 되면 술에 파묻혀 살기 일쑤이다.
It is common for office workers to be constantly under the influence of alcohol the end of the year.

❷ 아침에는 늘 시간이 없어 빵이나 우유로 때우기 일쑤이다.
It is common to eat bread or milk for breakfast because there is always not a lot of time in the mornings.

❸ 옛날에는 전기사정이 안 좋아서 전기가 끊기기 일쑤였다.
In the old days it was common for the electricity to go out because the electrical circumstances were not very good.

참고 Note

긍정적인 내용의 동사와는 어울리지 않는다.
It does not go well with a verb with positive content.

- 열심히 노력하면 성공하기 일쑤이다. (×)
- 어릴 때부터 글짓기 대회에 나가면 상 받기 일쑤였다. (×)

연습 Practice '-기 일쑤이다'를 사용하여 같은 의미가 되도록 문장을 만드십시오.
Make a sentence that it would have the same meaning as the other one by using '-기 일쑤이다'.

1. 정신없이 일을 하다 보면 식사 때를 놓치는 경우가 많아요.

   ➡ ______________________________

2. 회의 준비를 제대로 하지 않으면 지적당하는 일이 다반사이다.

   ➡ ______________________________

3. 7형제 중에 막내였던 제 의견은 무시당하는 경우가 많았습니다.

   ➡ ______________________________

014 | -기 짝이 없다

용법 Usage

더할 수 없을 만큼 대단하거나 그 정도가 매우 심함을 강조하는 표현이다. '-기 그지 없다', '-기 한이 없다'와 유사한 의미로 쓰인다.
This ending expresses a feeling of very serious or extreme emotion. '-기 그지 없다' and '-기 한이 없다' are similar endings.

활용 형태 Forms of Utilization

-기 짝이 없다 형용사의 어간 뒤에 사용한다.
It is used behind the adjectival stem.

예 부끄럽**기 짝이 없다**, 유치하**기 짝이 없다**

예문 Example

❶ 날마다 같은 일만 반복되는 나의 일상은 단조롭기 짝이 없다.
There is nothing that is as dull as my daily life that repeats the same activities everyday.

❷ 시험이 코앞인데 놀기만 하니 한심하기 짝이 없네요.
There is nothing more deplorable than you only playing when exams are right around the corner.

❸ 보잘 것 없는 작품을 좋게 평가해 주시니 기쁘기 짝이 없습니다.
There is nothing that can compare to the happiness that I feel by generous appraisal of these trivial works.

연습 Practice '-기 짝이 없다'를 사용하여 대화를 완성하십시오.
Complete the conversation by using '-기 짝이 없다'.

1. 가 : 30년 가까이 일하시던 직장을 퇴직하시는데 심정이 어떠세요?
   나 : ______________________

2. 가 : 어제 특집 프로그램 보셨어요? 영양실조로 죽는 아이들이 아직도 많다네요.
   나 : 저도 봤어요. ______________________

3. 가 : 아드님이 남모르게 봉사활동을 꾸준히 하고 있다고 들었어요.
   나 : 저도 애가 철이 없는 줄만 알았는데 ______________________

015 | -기가 무섭게

용법 Usage

어떤 일이 끝나자마자 곧바로 다음 일이 일어남을 과장하여 나타내는 표현이다. 조사 '가'는 생략할 수 있다. '-기가 바쁘게'와 유사한 의미로 쓰인다.

This ending expresses a slight exaggeration that another event immediately follows the first one. The particle '가' may be dropped. '-기가 바쁘게' is a similar ending.

활용 형태 Forms of Utilization

-기가 무섭게 동사의 어간 뒤에 사용한다.
It is used behind the verb stem.

예 끊**기가 무섭게**, 일어나**기가 무섭게**

예문 Example

❶ 무슨 일이 있는지 수저를 놓기가 무섭게 나가버리네요.
She left the second the spoon and chopsticks were put down, probably because something happened.

❷ 집에 돌아오기가 무섭게 냉장고 문부터 열어 본다.
The first thing he did was to open the refrigerator door the minute he got home.

❸ 연사의 말이 끝나기가 무섭게 청중들은 환호성을 지르며 박수를 보냈다.
The audience shouted cheers and applauded the second the speaker was done with his speech.

연습 Practice

'-기가 무섭게'를 사용하여 두 문장을 한 문장으로 만드십시오.
Combine two sentences into one using '-기가 무섭게'.

1. 출퇴근 시간에는 지하철 문이 열리다 / 사람들이 타고 내려요.

→ ____________________

2. 음반이 발매되다 / 날개 돋친 듯 팔리고 있다.

→ ____________________

3. 개각 예상 보도가 나오다 / 정가에는 누가 입각할지 소문이 돌기 시작했다.

→ ____________________

016 | -기로서니

용법 Usage

앞 문장의 사실은 인정하지만 그것이 뒤 문장의 충분한 이유나 조건이 될 수 없음을 나타낸다. 뜻을 분명하게 하고 강조하기 위해서 앞 문장은 '아무리'와 같이, 뒤 문장은 반어적 의미의 의문문 형태로 많이 쓰인다. '-기로' 또는 '-기로서'의 형태로도 쓰인다.

This is used when, true as it is, the situation in the preceding clause is neither a good reason nor the grounds on which the following event should happen. The sentence often starts with an adverb '아무리' to put more emphasis on the meaning. This ending is followed by a rhetorical question. It can be contracted to '-기로' or '-기로서'.

활용 형태 Forms of Utilization

-기로서니

동사나 형용사의 어간 뒤에 사용한다.
It is used behind the verb or adjectival stem.

예 듣지 않**기로서니**, 사랑하**기로서니**, 싫**기로서니**, 바쁘**기로서니**

이기로서니

명사 뒤에 사용한다.
It is used behind the noun.

예 급한 일**이기로서니**, 어린 아이**이기로서니**

-었기로서니/았기로서니/였기로서니

과거의 사실을 나타낼 때 동사나 형용사의 어간 뒤에 사용한다.
It is used behind the verb or adjectival stem to show a fact from the past.

예 먹**었기로서니**, 지루**했기로서니**

예문 Example

❶ 내가 백수로 지내기로서니 그렇게 무시하면 안 되지요.
Since I remain unemployed you can't disregard me like that.

❷ 아무리 귀한 자식이기로서니 그렇게 버릇없이 키우면 안 되지요.
No matter how precious your child is, you shouldn't spoil your child like that.

❸ 아무리 아이가 잘못했기로서니 그런 벌은 좀 심한 거 아니에요?
Even if the child did in fact do something very wrong, don't you think that punishment is a bit too harsh?

연습 Practice '-기로서니'를 사용하여 대화를 완성하십시오.
Complete the conversation by using '-기로서니'.

1. 가 : 초등학생이 게임을 할 돈이 없어서 엄마의 지갑에서 돈을 훔쳤대요.

   나 : ____________________

2. 가 : 사사건건 트집을 잡는 김 부장 때문에 사표를 내야 될 것 같아요.

   나 : ____________________

3. 가 : 학생 처벌에 불만을 품은 학부모가 교실까지 찾아와 행패를 부렸대요.

   나 : ____________________

017 | -기에

용법 Usage

앞 문장은 뒤 문장의 원인이나 이유를 나타내며, 의문사와 함께 어떤 사실의 원인이나 이유를 묻기도 한다. 다소 문어적인 표현이다.

This ending expresses a reason or grounds on which the following event should happen. An interrogative can be used with it to ask the reason for the action or event. To a certain extent, it is a written expression.

활용 형태 Forms of Utilization

-기에

동사나 형용사의 어간 뒤에 사용한다.

It is used behind the verb or adjectival stem.

예 먹**기에**, 가**기에**, 덥**기에**, 복잡하**기에**

이기에

명사 뒤에 사용한다.

It is used behind the noun.

예 공사 중**이기에**, 어디**이기에**

-었기에/았기에/였기에

과거의 완료된 사실을 나타낼 때 동사의 어간 뒤에 사용한다.

It is used behind the verb or adjectival stem to show a completed fact from the past.

예 **왔기에**

예문 Example

❶ 발음이 이상하기에 어디에서 왔냐고 물어봤지요.
His accent was odd so I asked him where he was from.

❷ 무슨 사연이기에 말도 안 하고 울기만 할까?
What sort of circumstance is it that she doesn't even talk but just cries?

❸ 그 일을 잘할 자신이 없었기에 선뜻 나설 수 없었다.
Since I did not have the confidence to do it well, I couldn't start quickly.

참고 Note

뒤 문장에서 명령형이나 청유형의 문장을 사용할 수 없다.
It cannot be used in imperative or propositive sentences.

- 방 안이 답답하기에 창문을 여세요. (×)
  방 안이 답답하기에 창문을 엽시다. (×)

참고 Note

앞 문장에 나타난 원인이나 이유가 화자가 우연히 발견한 사실일 때 '-길래'가 주로 쓰이며, 이 때 뒤 문장은 말하는 사람이 주어가 되어야 한다.
'-길래' is usually used when the reason or grounds of the previous clause is the fact the speaker found by chance. In this case, the subject of the following clause must be the speaker.

- 아이가 손도 씻지 않고 과자를 먹길래 야단을 쳤다.
  I scolded the child for eating snacks without washing his /her hands.
- 길에 사람들이 모여 있길래 궁금해서 가 보았어요.
  I was curious as to why people gathered on the street, so I went to see what was going on.

연습 Practice '-기에'를 사용하여 두 문장을 한 문장으로 만드십시오.
Combine two sentences into one by using '-기에'.

1. 딸기가 싱싱하고 맛있어 보이다 / 한 상자 사 가지고 왔어요.

   ➡ ____________________

2. 어디에서 놀았다 / 옷이 그렇게 엉망이 됐니?

   ➡ ____________________

3. 모처럼 박물관 구경을 갔는데 정기휴관일이다 / 아쉽지만 발길을 돌려야 했다.

   ➡ ____________________

018 | -기에 망정이지

용법 Usage

당황스럽고 난처한 일이 생겼지만 다행스러운 상황 덕분에 큰 문제없이 그 상황에서 빠져 나왔음을 의미한다. 뒤 문장에서 '-을 뻔했다'와 함께 쓰는 경우가 많다.
This is used to indicate a situation where a speaker faced something embarrassing but managed to escape from it. The following clause often ends with '-을 뻔했다'.

활용 형태 Forms of Utilization

-기에 망정이지 동사나 형용사의 어간 뒤에 사용한다.
It is used behind the verb or adjectival stem.

예 켜 놓**기에 망정이지**, 관리하**기에 망정이지**, 밝**기에 망정이지**, 크**기에 망정이지**

이기에 망정이지 명사 뒤에 사용한다.
It is used behind the noun.

예 일요일**이기에 망정이지**, 부자**이기에 망정이지**

-었기에/았기에/였기에 망정이지
과거의 사실을 나타낼 때 동사나 형용사의 어간 뒤에 사용한다.
It is used behind the verb or adjectival stem to show a fact from the past.

예 입**었기에 망정이지**, 많**았기에 망정이지**

예문 Example

❶ 그 사람 성격이 좋기에 망정이지 큰 싸움이 될 뻔했어요.
It's fortunate that person has a good personality or this could have become a big fight.

❷ 자식이 한 명이기에 망정이지 더 많았으면 대학도 못 보냈을 거예요.
I'm fortunate that I just have one child because if I had more I have wouldn't have been able to send them to college.

❸ 회의가 취소됐기에 망정이지 사장님 앞에서 망신당할 뻔했어요.
Thank goodness the meeting was cancelled or I almost have been humiliated in front of the boss.

참고 Note

말하는 사람이 현재의 사실이나 상태를 강조하면 '-기에 망정이지', 그 상황이 일어난 시점을 강조하면 '-었기에 망정이지'를 사용할 수 있다.
'-기에 망정이지' is used when stressing the present state or a fact, whereas '-었기에 망정이지' is used to stress the point where situation started.

- 서로 아는 사이기에 망정이지 큰 오해가 생길 뻔했어요. (○)
  서로 아는 사이였기에 망정이지 큰 오해가 생길 뻔했어요. (○)

연습 Practice '-기에 망정이지'를 사용하여 대화를 완성하십시오.
Complete the conversation by using '-기에 망정이지'.

1. 가 : 갑자기 비가 내렸는데도 옷이 하나도 안 젖었네요?

   나 : ______________________________

2. 가 : 큰 부상이 아니어서 정말 다행입니다.

   나 : ______________________________

3. 가 : 부장님이 건강 검진에서 위암 판정을 받았는데 다행히 초기라는군요.

   나 : ______________________________

문법 알아보기

ㄴ

019 | -노라면

용법 Usage

어떤 행위를 지속적으로 유지하다 보면 다른 어떤 상황을 맞게 된다는 의미로 예스러운 느낌을 준다. '-다가 보면'과 유사한 의미로 쓰인다.
As a traditional ending, this is used to express that a different event or situation will happen if the action or event in the clause continues. '-다가 보면' is a similar ending.

활용 형태 Forms of Utilization

-노라면 동사의 어간 뒤에 사용한다.
It is used behind the verb stem.

예 찾**노라면**, 가**노라면**

예문 Example

❶ 그 노래를 듣고 있노라면 마음이 편안해진다.
Listening to that song brings peace to my heart.

❷ 사노라면 언젠가는 좋은 날이 오겠지요.
If I keep living, a good day should come upon me.

❸ 꾸준히 운동하노라면 건강이 회복될 거예요.
If you exercise persistently then you should be able to recover your health.

연습 Practice

'-노라면'을 사용하여 대화를 완성하십시오.
Complete the conversation by using '-노라면'.

1. 가 : 현실이 너무 암담해서 미래는 꿈조차 꿀 수 없어요.
   나 : ____________________

2. 가 : 한 번 읽어 봤는데 너무 난해해서 저자의 의도를 알 수가 없네요.
   나 : ____________________

3. 가 : 걷기 운동을 꾸준히 하시는데 어떤 점이 좋으신가요?
   나 : ____________________

020 | -느냐 -느냐

용법 Usage 주로 대조적인 내용을 열거하여 말하고자 하는 내용을 강조할 때 쓴다.
This is used to emphasize the meaning by presenting two contrary things.

활용 형태 Forms of Utilization

-느냐 -느냐 동사나 '있다', '없다'의 어간 뒤에 사용한다.
It is used after the stem of the verb or '있다', '없다'.

예 죽**느냐** 사**느냐**, 찬성하**느냐** 마**느냐**, 있**느냐** 없**느냐**

-으냐 -으냐 자음으로 끝나는 형용사의 어간 뒤에 사용한다.
It is used behind the adjectival stem that ends in consonants.

예 넓**으냐** 좁**으냐**

-냐 -냐 모음으로 끝나는 형용사의 어간 뒤에 사용한다.
It is used behind the adjectival stem that ends in vowels.

예 예쁘**냐** 안 예쁘**냐**

이냐 이냐 명사 뒤에 사용한다.
It is used behind the noun.

예 학생**이냐** 선생**이냐**, 남자**이냐** 여자**이냐**

-었느냐/았느냐/였느냐 -었느냐/았느냐/였느냐
과거의 사실을 나타낼 때 동사나 형용사의 어간 뒤에 사용한다.
It is used behind the verb or adjectival stem to show a fact from the past.

예 붙**었느냐** 떨어**졌느냐**, 길**었느냐** 짧**았느냐**

예문 Example

❶ 가느냐 마느냐, 이게 내 고민이야!
To go or not, this is my dilemma!

❷ 좋으냐 싫으냐가 아니라 옳으냐 그르냐를 생각해 봐야 합니다.
We should not think about whether we like it or not but rather if it is right or wrong.

❸ 선물의 가치란 그 가격이 싸냐 비싸냐에 있지 않지요.
The value of a gift does not lie in whether the price is cheap or expensive.

❹ 좋은 내용이냐 나쁜 내용이냐를 말하는 게 아니라 형식의 문제를 지적하는 것이다.
I am not talking about whether it is good content or bad content, on the contrary I am pointing out the problem of the form.

❺ 이겼느냐 졌느냐를 따지는 것은 올림픽의 정신에 맞지 않습니다.
Nitpicking winning or losing is at odds with the spirit of the Olympics.

연습 Practice '-느냐 -느냐'를 사용하여 대화를 완성하십시오.
Complete the conversation by using '-느냐 -느냐'.

1. 가 : 요즘 젊은 사람들은 돈이 행복의 첫 번째 조건이라고 생각하나 봐요.
   나 : 그러게요. ______________________

2. 가 : 그동안 훈련을 열심히 했는데 이번 시합에서 우승을 못 하면 어떡하지요?
   나 : 괜찮아요. ______________________

3. 가 : 한국 TV 드라마에서는 결혼 문제로 인한 부모님과의 갈등을 많이 다루던데요.
   나 : 네. ______________________

021 | -느니

용법 Usage

앞 문장의 상황이나 행위보다는 뒤 문장의 상황이나 행위가 차라리 나음을 의미한다. 뒤의 상황, 행위도 썩 만족스럽지는 않은 경우이므로 뒤 문장에서 '차라리'나 '아예' 등과 함께 쓰는 경우가 많다.

This is used when the action or event in the following clause is not desirable but would be better than the one in the preceding clause. '차라리' or '아예' is often used in the following clause.

활용 형태 Forms of Utilization

-느니	동사나 '있다'의 어간 뒤에 사용한다. It is used after the stem of the verb or '있다'. 예 죽**느니**, 반대하**느니**, 있**느니**

예문 Example

❶ 남이 먹다 남긴 음식을 먹느니 차라리 굶겠다.
If I have to eat food that was leftover by someone else, I'd rather starve.

❷ 모르면서 아는 척 하느니 부끄럽겠지만 아예 모른다고 솔직히 말해라.
Though it may be embarrassing, I'd rather be truthful and say that I don't know than act like I know when I don't.

❸ 평생 감옥에 갇혀 있느니 죽는 게 나을 거라고 생각할 수도 있지요.
It is possible to think that it is better to die than spend the all of my life in prison.

연습 Practice 맞는 문장을 고르십시오.
Choose the right sentence.

1. 혼자서 불안해하느니 계속 비밀을 유지하도록 하세요. ( )
   혼자서 불안해하느니 모든 걸 털어 놓고 처벌을 받으세요. ( )
2. 돈을 주고 청탁을 하느니 사업을 접는 쪽을 택할 겁니다. ( )
   돈을 주고 청탁을 하느니 꼭 제 힘으로 재기하겠습니다. ( )
3. 일찍 일어나 아침을 먹느니 좀 더 자는 쪽이 낫지요? ( )
   일찍 일어나 아침을 먹느니 좀 더 자면 안 되지요? ( )

022 | -느니만 못하다

용법 Usage

앞에서 말하는 상황이나 행위보다는 차라리 뒤에서 말하는 상황이나 행위가 더 나음을 강조하는 표현이다.

This is used to stress that the second action or event is better than the first one.

활용 형태 Forms of Utilization

-느니만 못하다 동사나 '있다', '없다'의 어간 뒤에 사용한다.

It is used after the stem of the verb or '있다', '없다'.

예 잡**느니만 못하다**, 가**느니만 못하다**, 있**느니만 못하다**

예문 Example

❶ 저렇게 고통스럽게 사는 것은 죽느니만 못한 것 같다.

Living as painfully as that is not any better than dying.

❷ 당신이 아닌 다른 남자와 결혼하는 것은 평생 혼자 사느니만 못해요.

Getting married to a man other than you is not any better than living alone for the rest of my life.

❸ 이렇게 유명무실한 법이라면 없느니만 못한 거 아닌가요?

If this law is so titular, isn't it no better than not having it at all?

연습 Practice '-느니만 못하다'를 사용하여 문장을 완성하십시오.

Complete the sentence by using '-느니만 못하다'.

1. 진심이 담기지 않은 선물이라면 ____________________

2. 생존 가능성이 낮은 수술이라면 ____________________

3. 잘못된 방법의 양치질은 ____________________

023 | -느니만큼

용법 Usage

앞 문장에서 나타내는 사실을 인정하면서 그것이 뒤 문장의 원인이나 근거가 됨을 의미한다. 의미 차이 없이 '-느니만치'로 바꿔 쓸 수 있다.
Admitting the fact in the preceding clause, this ending indicates the preceding clause is a good reason for what follows. It can be replaced by '-느니만치'.

활용 형태 Forms of Utilization

-느니만큼 동사나 '있다', '없다'의 어간 뒤에 사용한다.
It is used after the stem of the verb or '있다', '없다'.
예 찾**느니만큼**, 반대하**느니만큼**, 있**느니만큼**

-으니만큼 자음으로 끝나는 형용사의 어간 뒤에 사용한다.
It is used after the adjectival stem that ends in consonants.
예 많**으니만큼**

-니만큼 모음으로 끝나는 형용사의 어간 뒤에 사용한다.
It is used after the adjectival stem that ends in vowels.
예 예쁘**니만큼**

이니만큼 명사 뒤에 사용한다.
It is used behind the noun.
예 진품**이니만큼**, 가짜**이니만큼**

-었으니만큼/았으니만큼/였으니만큼
과거의 사실을 나타낼 때 동사나 형용사의 어간 뒤에 사용한다.
It is used behind the verb or adjectival stem to show a fact from the past.
예 만들**었으니만큼**, 귀**했으니만큼**

예문 Example

❶ 고객들의 문의가 빗발치느니만큼 신속한 대응이 필요하다.
Given that customer queries have been showing upon us, we need to figure out a quick response.

❷ 계곡의 수심이 깊으니만큼 피서객들은 각별히 주의하셔야 합니다.
Given that the depth of the ravine is quite deep, visitors should be especially cautious.

❸ 주주들의 우려가 크니만큼 신중한 결정이 요구됩니다.
Given that the concerns of the stakeholders are large, a careful decision is required.

❹ 확실한 증거이니만큼 더 이상 반론을 제기하지 못 할 것이다.
Being that the evidence is as solid as it gets, a refutation won't be able to be brought up anymore.

❺ 탁월한 성적으로 뽑혔으니만큼 기대를 한 몸에 받고 있는 인재입니다.
Being that he has been chosen for his superior grades, he is a prodigy that is receiving a lot of high hopes.

연습 Practice '-느니만큼'을 사용하여 문장을 완성하십시오.
Complete the sentence by using '-느니만큼'.

1. ______________________ 각오를 단단히 해야 합니다.

2. ______________________ 폐기물 처리에 대한 엄격한 법적용이 절실하다.

3. ______________________ 완벽한 복원과 보존이 절실하게 요구됩니다.

024 | –는 가운데

용법 Usage 어떤 행위나 사건을 둘러싸고 있는 상태나 상황이 지속됨을 나타낸다.
This ending indicates continuation of the state or situation where something happens.

활용 형태 Forms of Utilization

–는 가운데 동사나 '있다', '없다' 의 어간 뒤에 사용한다.
It is used after the stem of the verb or '있다', '없다'.

예 겪**는 가운데**, 뛰**는 가운데**, 없**는 가운데**

–은 가운데 자음으로 끝나는 형용사의 어간 뒤에 사용한다.
It is used behind the adjectival stem that ends in consonants.

예 깊**은 가운데**

–ㄴ 가운데 모음으로 끝나는 형용사의 어간 뒤에 사용한다.
It is used behind the adjectival stem that ends in vowels.

예 화창**한 가운데**

–은/ㄴ 가운데 과거의 완료된 사실을 나타낼 때 동사의 어간 뒤에 사용한다.
It is used behind the verb stem to show a completed fact from the past.

예 잡**은 가운데**, 참석**한 가운데**

예문 Example

❶ 많은 하객들이 지켜보는 가운데 드디어 결혼식이 시작되었다.
The wedding finally started whilst many well–wishers watched.

❷ 전국이 대체로 맑은 가운데 불볕더위가 계속 이어지겠습니다.
Whilst the entire nation has clear weather, the sweltering heat will continue.

❸ 바쁘신 가운데 출판 기념회에 참석해 주셔서 감사합니다.
Thank you for taking the time to the publication party when you are so busy.

❹ 주요 언론사 기자들이 모인 가운데 기자 회견이 시작되었습니다.
The press conference started whilst journalists from major media outlets were gathered.

꼭~ 알아두기

연습 Practice '-는 가운데'를 사용하여 두 문장을 한 문장으로 만드십시오.
Combine two sentences into one by using '-는 가운데'.

1. 웃고 즐기다 / 어느새 마칠 시간이 다 되었네요.

➡ ______________________________

2. 우리들은 무슨 일인지도 모르고 어리둥절하다 / 교무실로 불려갔다.

➡ ______________________________

3. 경찰병력이 투입되다 / 집회가 연일 이어지고 있다.

➡ ______________________________

025 | –는 건 차치하고

용법 Usage 어떤 일을 뒤로 미루거나 내버려두고 문제 삼지 않는다는 표현이다. '–는 건 차치하더라도, –는 건 차치해 두고'의 형태로도 쓰인다.

This is used when the speaker leaves something aside and does not bring it into question. It can be used in a form of '–는 건 차치하더라도' or '–는 건 차치해 두고'.

활용 형태 Forms of Utilization

–는 건 차치하고 동사나 '있다', '없다'의 어간 뒤에 사용한다.
It is used after the stem of the verb or '있다', '없다'.

예 먹**는 건 차치하고**, 공부하**는 건 차치하고**

–은 건 차치하고 자음으로 끝나는 형용사의 어간 뒤에 사용한다.
It is used behind the adjectival stem that ends in consonants.

예 좋**은 건 차치하고**

–ㄴ 건 차치하고 모음으로 끝나는 형용사의 어간 뒤에 사용한다.
It is used behind the adjectival stem that ends in vowels.

예 나**쁜 건 차치하고**

–은/ㄴ 건 차치하고
과거의 완료된 사실을 나타낼 때 동사의 어간 뒤에 사용한다.
It is used behind the verb or adjectival stem to show a completed fact from the past.

예 쏟**은 건 차치하고**, 도와 **준 건 차치하고**

예문 Example

❶ 업무 수행 능력이 뒤떨어지는 건 차치하고 사무실 분위기도 파악하지 못해요.
Leaving aside the fact that he falls behind his ability to process his work, he also has not been able to figure out the office atmosphere.

❷ 문장의 수준이 낮은 건 차치하고 맞춤법도 맞지 않는 글이더라.
Leaving aside the sub par level of the sentences, it was a writing that did not even have correct spelling.

❸ 손이 얼음같이 찬 건 차치하고 새파래진 얼굴이 얼마나 떨었는지 보기 딱했다.
Leaving aside the hands that were cold as ice, the face that had turned blue shook so badly that I felt sorry for him.

❹ 소 값이 떨어진 건 차치하고 폭등한 사료 가격 부담으로 더 이상 소를 기를 수 없는 형편이다.
Leaving aside the fall of cattle prices, the skyrocketing of feed prices has made it difficult to raise cattle anymore.

참고 Note

명사에 붙어 '은 차치하고'의 형태로도 쓸 수 있다.
It can be used as '은 차치하고' by combining with nouns.

- 승진은 차치하고 이 자리라도 지킬 수 있으면 다행이라고 생각합니다.
- 비용 문제는 차치하더라도 자격이 있는 사람을 구할 수가 없는 게 문제야.

연습 Practice

'-는 건 차치하고'를 사용하여 두 문장을 한 문장으로 만드십시오.
Combine two sentences into one by using '-는 건 차치하고'.

1. 음식 값을 내다 / 잘 먹었다는 인사도 하지 않더군요.

   ➡ ______________________________

2. 전후사정을 묻다 / 소리부터 지르는 바람에 설명할 겨를이 없었다.

   ➡ ______________________________

3. 병문안을 오다 / 한마디 위로의 전화도 없는 건 정말 서운하다.

   ➡ ______________________________

026 | -는 까닭에

용법 Usage 어떤 일이 있게 된 사정이나 이유를 나타낸다.
This presents a reason or situation which led to a consequence or result in the following clause.

활용 형태 Forms of Utilization

-는 까닭에 동사의 어간 뒤에 사용한다.
It is used behind the verb stem.

예 들**는 까닭에**, 기다리**는 까닭에**

-은 까닭에 자음으로 끝나는 형용사의 어간 뒤에 사용한다.
It is used behind the adjectival stem that ends in consonants.

예 깊**은 까닭에**

-ㄴ 까닭에 모음으로 끝나는 형용사의 어간 뒤에 사용한다.
It is used behind the adjectival stem that ends in vowels.

예 귀**한 까닭에**

인 까닭에 명사 뒤에 사용한다.
It is used behind the noun.

예 시인**인 까닭에**, 작가**인 까닭에**

-은/ㄴ 까닭에 과거의 완료된 사실을 나타낼 때 동사의 어간 뒤에 사용한다.
It is used behind the verb stem to show a completed fact from the past.

예 죽**은 까닭에**, 살**린 까닭에**

예문 Example

❶ 고향은 언제나 포근하게 느껴지는 까닭에 다들 그리워합니다.
Everyone yearns for their hometown because it always feels cozy.

❷ 좋은 교육 환경으로 인기가 높은 까닭에 이 동네 집값이 비싸요.
Due to the popularity of the good educational environment, the housing prices in this neighborhood are expensive.

❸ 고등어처럼 영양이 풍부한 생선도 비린 까닭에 싫어하는 사람들이 있다.
There are people who dislike even nutrient high fish like mackerel because of the fishy smell.

❹ 촉망받는 과학자인 까닭에 그의 죽음을 안타까워했습니다.
I found his death regrettable because he was a promising scientist.

❺ 이곳에서 사고가 많이 발생한 까닭에 경고성 안내판이 설치되었다.
There is a warning sign installed because many accidents have occurred here.

연습 Practice '-는 까닭에'를 사용하여 같은 의미가 되도록 문장을 만드십시오.
Make a sentence that it would have the same meaning as the other one by using '-는 까닭에'.

1. 예상치 못한 상황이 발생했기 때문에 사람들이 우왕좌왕하게 됐어요.

   ➡ ______________________________

2. 제주도는 화산섬이므로 대부분의 해안은 암석으로 이루어져 있다.

   ➡ ______________________________

3. 유권자의 한 표 한 표가 소중하기 때문에 투표권 행사를 독려해야 합니다.

   ➡ ______________________________

027 | -는 날에는

용법 Usage

앞 문장에서는 극단적이거나 바람직하지 못한 상황을 가정하고 그에 따른 경고의 내용이나 우려하는 결과가 뒤 문장의 내용으로 온다. '-는 날엔'으로 줄여 쓸 수 있다.
This ending is added to an extreme situation or an undesirable condition, leading to a consequent warning or a bad outcome. It can be contracted to '-는 날엔.

활용 형태 Forms of Utilization

-는 날에는 동사나 '있다', '없다'의 어간 뒤에 사용한다.
It is used after the stem of the verb or '있다', '없다'.

예 찾**는 날에는**, 잡히**는 날에는**, 있**는 날에는**

예문 Example

❶ 이 계약이 깨지는 날에는 막대한 손해를 보게 될 겁니다.
The day that this contract falls through you will suffer a great loss.

❷ 혹시라도 회사가 도산하는 날엔 앞으로의 미래가 막막해지겠지요.
In the unlikely event that the company does go bankrupt, the future ahead of us would probably be bleak.

❸ 거짓말한 게 들통 나는 날에는 쫓겨나고 말거야.
The day my lies catch up to me, I'll be kicked out.

연습 Practice '-는 날에는'을 사용하여 문장을 완성하십시오.
Complete the sentence by using '-는 날에는'.

1. ______________________ 모든 것이 헛일이니까 좀 쉬어가면서 해.

2. ______________________ 학교를 그만둬야 할 거야.

3. ______________________ 어디까지 불똥이 튈지 알 수 없다.

꼭~ 알아두기

028 | -는 데

용법 Usage

'-는 것', '-는 때', '-는 경우', '-는 상황'을 의미한다. 조사 '에'와 같이 사용하나 생략할 수 있다.
This ending is used as a meaning of '-는 것', '-는 때', '-는 경우' or '-는 상황'. A particle '에' can be added.

활용 형태 Forms of Utilization

-는 데 동사의 어간 뒤에 사용한다.
It is used behind the verb stem.

예 쫒**는 데**, 빼**는 데**

예문 Example

❶ 어색한 분위기를 살리는 데에는 노래가 최고예요.
Singing is the best way to improve an awkward atmosphere.

❷ 금연침을 맞았는데 담배를 끊는 데 별로 효과가 없었어요.
I got acupunctural treatment for quitting smoking but it doesn't have much of an effect.

❸ 취직을 하는 데 필수적인 조건은 역시 외국어 실력인 것 같습니다.
I think that the essential requirement to getting a job is foreign language ability as expected.

참고 Note

형용사나 과거의 사실을 나타낼 때는 '-은 데'와 결합하며 주로 '장소, 곳'의 의미로 사용된다.
When expressing an adjective or a fact from the past, it is combined with '-은 데'. It is usually used as a meaning of 'location and place'.

- 벌레에 물려서 가려운 데 바르는 약이에요.
- 지난번에 부장님이 맛있다고 추천해주신 데가 어디지?

연습 Practice

'-는 데'를 사용하여 두 문장을 한 문장으로 만드십시오.
Combine two sentences into oney by using '-는 데'.

1. 동호회 활동은 인간관계를 넓히다 / 많은 도움이 될 거예요.

➡ ______________________________

2. 일상생활이 가능한 수준의 외국어 실력을 갖추다 / 최소한 1년 정도는 필요하다고 봅니다.

➡ ______________________________

3. 머리 아프다 / 먹는 약도 처방전이 필요한가요?

➡ ______________________________

029 | -는 둥 마는 둥

용법 Usage

무슨 일을 하는 듯도 하고 하지 않는 듯도 함을 나타낸다. 뒤에 '하다'를 붙여 사용하는 경우가 많다.
This is used when someone does not perform an action seriously. It indicates that he has no interest in carrying out the task. '하다' can be added to the end.

활용 형태 Forms of Utilization

-는 둥 마는 둥 동사의 어간 뒤에 사용한다.
It is used behind the verb stem.

예 읽**는 둥 마는 둥**, 자**는 둥 마는 둥**

예문 Example

❶ 관심이 없는지 내 얘기는 듣는 둥 마는 둥 자기 일만 하고 있네요.
She seems not to be interested because she half listens to what I'm saying and continues to only do her work.

❷ 버스가 떠난다는 안내 방송에 밥을 먹는 둥 마는 둥 하고 올라탔다.
At the announcement that the bus was leaving, I went through my meal in a hurry and got on the bus.

❸ 서둘러 나오느라고 어머니께 인사도 하는 둥 마는 둥 했어요.
I barely said goodbye to my mother because I was rushing to leave.

연습 Practice

'-는 둥 마는 둥'을 사용하여 대화를 완성하십시오.
Complete the conversation by using '-는 둥 마는 둥'.

1. 가 : 피곤해 보이네요. 눈도 충혈되고.
   나 : ______________________________ 그런가 봐요.

2. 가 : 맞벌이를 하니까 남편이 집안일을 많이 도와주지 않아요?
   나 : 웬걸요. ______________________________

3. 가 : 유리창을 닦았다더니 이 얼룩들은 뭐야?
   나 : ______________________________

030 | –는 듯싶다

용법 Usage

주관적인 추측을 나타내어 '–는 것처럼 생각되다', '–는 것 같다'의 뜻으로 쓰인다.
This indicates a subjective conjecture. It has the same meaning as '–는 것처럼 생각되다', '–는 것 같다'.

활용 형태 Forms of Utilization

–는 듯싶다	동사나 '있다', '없다'의 어간 뒤에 사용한다. It is used after the stem of the verb or '있다', '없다'. 예 참**는 듯싶다**, 오**는 듯싶다**, 있**는 듯싶다**
–은 듯싶다	자음으로 끝나는 형용사의 어간 뒤에 사용한다. It is used behind the adjectival stem that ends in consonants. 예 밝**은 듯싶다**
–ㄴ 듯싶다	모음으로 끝나는 형용사의 어간 뒤에 사용한다. It is used behind the adjectival stem that ends in vowels. 예 흐**린 듯싶다**
인 듯싶다	명사 뒤에 사용한다. It is used behind the noun. 예 애인**인 듯싶다**, 아이**인 듯싶다**
–은/ㄴ 듯싶다	과거의 완료된 사실을 나타낼 때 동사의 어간 뒤에 사용한다. It is used behind the verb stem to show a completed fact from the past. 예 믿**은 듯싶다**, 배**운 듯싶다**
–을/ㄹ 듯싶다	추측을 나타낼 때 동사나 형용사의 어간 뒤에 사용한다. It is used behind the verb or adjectival sentence to express one's supposition. 예 잡**을 듯싶다**, 미안**할 듯싶다**

예문 Example

❶ 우승을 차지하는 듯싶었으나 역전되고 말았어요.
It looked as though I were winning but the tables turned in the end.

❷ 여러 명이 같이 지내기에는 다소 좁은 듯싶네요.
It seems a bit small for many people to stay together.

❸ 이 책은 한국을 처음 여행하는 이들에게 유익한 책인 듯싶다.
This books seems like a useful book for those who are visiting Korea for the first time.

❹ 선생님 표정을 보니 제가 실수를 한 듯싶었어요.
The look on the teacher's face tells me that I seem to have made a mistake.

❺ 평일이라 결혼식에 하객이 많지 않을 듯싶어 친구들에게 꼭 오라고 했다.
I asked my friends to make sure that they would come, because I didn't think there would be many guests at a wedding held on a weekday.

참고 Note

과거의 사실을 나타낼 때 형용사의 어간은 '-었던 듯싶다'의 형태로 쓰인다.
It is used to express a fact from the past, and the stem of an adjective is used as '-었던 듯싶다' form.

- 사진을 보니까 그 여자도 옛날에는 꽤 예뻤던 듯싶다.
- 마음이 많이 아팠던 듯싶은데 내색을 안 하는 동생이 안쓰러웠다.

연습 Practice '-는 듯싶다'를 사용하여 같은 의미가 되도록 문장을 만드십시오.
Make a sentence that it would have the same meaning as the other one by using '-는 듯싶다'.

1. 너무 튀는 것 같아서 점잖은 색의 옷으로 갈아입었어요.

➡ ____________________

2. 표정을 보니 그 이야기를 이미 들은 것 같아서 아무 말도 하지 않았다.

➡ ____________________

3. 오랜 시간이 지난 사건이고 연관된 이들이 사망한 경우가 많아 진실 규명이 어렵겠습니다.

➡ ____________________

꼭~ 알아두기

031 | -는 듯이

용법 Usage

어떤 상황과 비교하여 비슷한 상황이라고 짐작하거나 추측함을 나타낸다. 조사 '이'는 생략할 수 있다.

This is used when an event or situation in the following clause can be thought to be or considered similar to the event or situation in the preceding clause. The particle '이' can be dropped.

활용 형태 Forms of Utilization

-는 듯이
동사나 '있다', '없다'의 어간 뒤에 사용한다.
It is used after the stem of the verb or '있다', '없다'.
예 찾**는 듯이**, 내리**는 듯이**, 있**는 듯이**

-은 듯이
자음으로 끝나는 형용사의 어간 뒤에 사용한다.
It is used behind the adjectival stem that ends in consonants.
예 귀찮**은 듯이**

-ㄴ 듯이
모음으로 끝나는 형용사의 어간 뒤에 사용한다.
It is used behind the adjectival stem that ends in vowels.
예 바**쁜 듯이**

인 듯이
명사 뒤에 사용한다.
It is used behind the noun.
예 애인**인 듯이**, 부자**인 듯이**

-은/ㄴ 듯이
과거의 사실을 나타낼 때 동사의 어간 뒤에 사용한다.
It is used behind the verb stem to show a fact from the past.
예 낳**은 듯이**, 화가 **난 듯이**

-을/ㄹ 듯이
추측을 나타낼 때 동사의 어간 뒤에 사용한다.
It is used behind the verb stem to express one's supposition.
예 잡**을 듯이**, 나**갈 듯이**

예문 Example

❶ 뭔가를 생각하는 듯이 창문 밖만 쳐다보고 있다.
She keeps looking out the window as if she is thinking about something.

❷ 괴로운 듯이 얼굴을 찡그리며 말을 멈추었습니다.
She squinched her face as though she were in pain and stopped talking.

❸ 자기 이야기인 듯 세세하게 기억하고 있더라고요.
She remembers the event very clearly, as if it were her own story.

❹ 갑자기 주위가 쥐 죽은 듯이 조용해졌다.
All of a sudden it became silent as death.

❺ 이제 문제가 해결되어서 마음이 날아갈 듯 가볍습니다.
I feel like a weight has been lifted because that problem has been resolved.

참고 Note

'-는다는 듯이' : 직접 말하지는 않지만 마치 그렇게 말하는 것처럼 뒤 문장의 행동을 한다는 의미이다.
'-는다는 듯이' : Though it doesn't state directly, it means that it appears as though it does mean that by the action in the clause that follows.

- 이해할 수 없다는 듯이 고개를 저었다.
- 무슨 일이 있었냐는 듯이 눈을 동그랗게 뜨고 쳐다보네요.
- 다들 들으라는 듯이 큰 소리로 자랑을 늘어놓았다.
- 화해하자는 듯이 손을 내밀더군요.

연습 Practice

'-는 듯이'를 사용하여 두 문장을 한 문장으로 만드십시오.
Combine two sentences into one by using '-는 듯이'.

1. 빨간 물감을 부어 놓았다 / 산 전체가 단풍으로 물들어 있었다.

   ➡ ______________________________

2. 자기가 주인이다 / 허락도 없이 냉장고에서 음식을 꺼내 먹어요.

   ➡ ______________________________

3. 연설 내용이 지루하다 / 하품을 하더니 졸기 시작했다.

   ➡ ______________________________

032 | –는 마당에

용법 Usage 어떤 일이 이루어진 판이나 상황, 형편을 나타내는데, 좋지 않은 앞 문장의 상황에서 뒤 문장의 상황이나 행위가 바람직하지 않음을 의미한다.
This describes a state or circumstances. It is used to express that the action or event in the following clause appears undesirable due to circumstances in the preceding clause.

활용 형태 Forms of Utilization

–는 마당에 동사나 있다', '없다'의 어간 뒤에 사용한다.
It is used after the stem of the verb or '있다', '없다'.
예 죽**는 마당에**, 헤어지**는 마당에**, 없**는 마당에**

–은 마당에 자음으로 끝나는 형용사의 어간 뒤에 사용한다.
It is used behind the adjectival stem that ends in consonants.
예 싫**은 마당에**

–ㄴ 마당에 모음으로 끝나는 형용사의 어간 뒤에 사용한다.
It is used behind the adjectival stem that ends in vowels.
예 바**쁜 마당에**

–은/ㄴ 마당에 과거의 완료된 사실을 나타낼 때 동사의 어간 뒤에 사용한다.
It is used behind the verb stem to show a completed fact from the past.
예 굶**은 마당에**, 실패**한 마당에**

예문 Example

❶ 선거를 눈앞에 두고 있는 마당에 그런 사건이 터져 큰일이네요.
It is a big problem that an incident like that occurred right before the election.

❷ 준비기간도 짧은 마당에 또 까다로운 주문을 하시다니요.
How could you ask of such a difficult request when we already have a very short time to prepare.

❸ 일분일초가 급한 마당에 회의만 하고 있으니 답답할 뿐이다.
I am frustrated that all we are doing is to have meetings when every minute is valuable.

❹ 자식이 죽은 마당에 밥이 입에 넘어가겠습니까?
Do you think I can pass food down when my child has died?

연습 Practice

'-는 마당에'를 사용하여 문장을 완성하십시오.
Complete the sentence by using '-는 마당에'.

1. ______________________ 다른 사람 병간호를 하고 있다니요.

2. ______________________ 이렇게 아까운 음식을 버려서야 되겠습니까?

3. ______________________ 더 이상의 협상은 의미가 없을 것 같다.

033 | -는 바

용법 Usage

앞에서 말한 내용 그 자체나 일, 사실 따위를 나타낸다. '-는 바가 있다/없다', '-는 바에 따르면', '-는 바와 같이'의 형태로 주로 쓰인다.
This simply presents a fact or an event itself. It is often be used in a form of '-는 바가 있다/없다', '-는 바에 따르면' or '-는 바와 같이'.

활용 형태 Forms of Utilization

-는 바
동사나 '있다', '없다'의 어간 뒤에 사용한다.
It is used after the stem of the verb or '있다', '없다'.
예 믿**는 바**, 들리**는 바**, 있**는 바**

인 바
명사 뒤에 사용한다.
It is used behind the noun.
예 결정**인 바**, 이유**인 바**

-은/ㄴ 바
과거의 완료된 사실을 나타낼 때 동사의 어간 뒤에 사용한다.
It is used behind the verb stem to show a completed fact from the past.
예 겪**은 바**, 조사**한 바**

예문 Example

❶ 그 사람에 대해서는 전혀 아는 바가 없습니다.
I have absolutely no knowledge of that person.

❷ 목격자의 주장이 사실인 바, 경찰은 수사에 박차를 가하고 있다.
As the witness' claim was true, the police spurred up their investigation.

❸ 신문에 보도된 바와 같이 두 배우는 이미 혼인 신고를 마친 상태였다.
As it was reported in the newspaper, the two actors had already finished registering for the marriage.

참고 Note

'-는 바이다'의 형태는 자신의 주장을 강조함을 나타낸다.
'-는 바이다' form expresses the emphasis put on one's opinion.

- 사태 수습에 정부가 적극 나서줄 것을 주장하는 바입니다.
- 장학기금을 마련해야 한다는 총장님의 뜻에 백번 공감하는 바이다.

연습 Practice

'-는 바'를 사용하여 같은 의미가 되도록 문장을 만드십시오.
Make a sentence that it would have the same meaning as the other one by using '-는 바'.

1. 유학생활을 한 적이 있어서 의사소통에는 큰 어려움이 없습니다.

➡ ______________________________

2. 전화상으로 말씀드린 내용과 같이 계약금을 내일까지 입금해 주십시오.

➡ ______________________________

3. 이 사업에 우리가 기여한 것에 대한 합당한 대가를 요구하는 것입니다.

➡ ______________________________

034 | -는 셈치고

용법 Usage 앞 문장의 동작이나 사실 등을 가정하고 행동함을 나타낸다.
This is used when the speaker performs an action, assuming that the preceding statement is true.

활용 형태 Forms of Utilization

-는 셈치고 동사나 '있다', '없다'의 어간 뒤에 사용한다.
It is used after the stem of the verb or '있다', '없다'.

예 읽**는 셈치고**, 가**는 셈치고**, 있**는 셈치고**

-은/ㄴ 셈치고 과거의 완료된 사실을 나타낼 때 동사의 어간 뒤에 사용한다.
It is used behind the verb or adjectival stem to show a fact from the past.

예 입**은 셈치고**, **온 셈치고**

예문 Example

❶ 속는 셈치고 살이 금방 빠진다는 약을 사 봤어요.
Thinking I'd let myself buy into the false claims, I brought the medicine that claimed to induce fast weight loss.

❷ 그런 말은 못 들은 셈치고 지나가는 게 속 편하실 겁니다.
You'll feel peaceful if you act like you didn't hear those words and just pass on by.

❸ 그냥 잃어버린 셈치고 친구한테 빌려준 돈은 받지 말아야겠어요.
I should just think that I've lost the money and not retrieve the money that I lent to my friend.

연습 Practice

'-는 셈치고'를 사용하여 대화를 완성하십시오.
Complete the conversation by using '-는 셈치고'.

1. 가 : 여보, 큰 아이가 아직도 정신을 못 차리고 나쁜 짓만 골라 하니 정말 큰일이네요.
   나 : ______________________________ 더 이상 신경 쓰지 맙시다.
2. 가 : 식사 때가 훨씬 지났는데 일이 반도 안 끝났으니 어떡하지요?
   나 : ______________________________ 하던 일 계속 합시다.
3. 가 : 자녀분을 데리러 버스 정류장까지 매일 나오시나 봐요.
   나 : ______________________________ 마중을 나오는 거예요.

035 | -는 양

용법 Usage 어떤 모양을 하고 있거나 어떤 행동을 하는 것처럼 보임을 나타낸다.
This is used to indicate what someone appears to be or to do.

활용 형태 Forms of Utilization

-는 양 동사나 '있다', '없다'의 어간 뒤에 사용한다.
It is used after the stem of the verb or '있다', '없다'.
예 참**는 양**, 모르**는 양**, 없**는 양**

-은 양 자음으로 끝나는 형용사의 어간 뒤에 사용한다.
It is used behind the adjectival stem that ends in consonants.
예 좁**은 양**

-ㄴ 양 모음으로 끝나는 형용사의 어간 뒤에 사용한다.
It is used behind the adjectival stem that ends in vowels.
예 지루**한 양**

인 양 명사 뒤에 사용한다. It is used behind the noun.
예 사장**인 양**, 친구**인 양**

-은/ㄴ 양 과거의 완료된 사실을 나타낼 때 동사의 어간 뒤에 사용한다.
It is used behind the verb stem to show a completed fact from the past.
예 먹**은 양**, 성공**한 양**

예문 Example

❶ 두 사람은 서로 잘 아는 양 눈인사를 주고받던데요.
The two exchanged glances as though they knew each other very well.

❷ 집주인은 이해심이 바다처럼 넓은 양 사람 좋아 보이는 웃음을 지었다.
The landlord gave the kind of pleasant smile that makes one look like a good person, as though her understanding was as vast as the ocean.

❸ 회의에 참석한 김 의원은 듣기에 거북한 양 헛기침만 하고 있네요.
Senator Kim who had shown up to the meeting looked as though he felt uncomfortable listening to what was being said and thus kept giving off false coughs.

❹ 정부 대변인은 소문을 마치 사실인 양 보도한 언론에 불만을 나타냈다.
The government spokesperson showed discontent toward the press that had reported rumors as though they were facts.

❺ 김 기자는 무슨 특종이라도 잡은 양 야단을 피우고 있다.
Reporter Kim is causing a commotion as though he has gotten an exclusive.

연습 Practice '-는 양'을 사용하여 두 문장을 한 문장으로 만드십시오.
Combine two sentences into one by using '-는 양'.

1. 영화 속 주인공이라도 되었다 / 옷깃을 올리고 담배를 피우고 있다.

   ➡ ______________________________

2. 무슨 대단한 일을 하다 / 비장한 얼굴로 이야기를 하더군요.

   ➡ ______________________________

3. 그 아줌마가 주인이다 / 당당하게 얘기하던데 아니었어요?

   ➡ ______________________________

036 | –는 이상

용법 Usage

앞 문장의 내용이 이미 정해졌거나 확실한 사실이므로 뒤 문장의 상황이 당연하다는 의미를 나타낸다.

This ending expresses that the preceding clause is definite and fixed and the following clause is natural or reasonable.

활용 형태 Forms of Utilization

–는 이상 동사나 '있다', '없다'의 어간 뒤에 사용한다.
It is used after the stem of the verb or '있다', '없다'.
예 겪**는 이상**, 판단하**는 이상**, 없**는 이상**

–은 이상 자음으로 끝나는 형용사의 어간 뒤에 사용한다.
It is used behind the adjectival stem that ends in consonants.
예 같**은 이상**

–ㄴ 이상 모음으로 끝나는 형용사의 어간 뒤에 사용한다.
It is used behind the adjectival stem that ends in vowels.
예 나쁜 **이상**

인 이상 명사 뒤에 사용한다.
It is used behind the noun.
예 자식**인 이상**, 부부**인 이상**

–은/ㄴ 이상 과거의 완료된 사실을 나타낼 때 동사의 어간 뒤에 사용한다.
It is used behind the verb stem to show a completed fact from the past.
예 마음먹**은 이상**, 약속**한 이상**

예문 Example

❶ 조직에 속해 있는 이상 개인행동은 할 수 없습니다.
As long as you are a part of this organization you can not act on your own.

❷ 자발적인 지원자가 적은 이상 강제로 동원하는 수밖에 없어.
As long as the numbers of voluntary applicants are low, we have no choice but to mobilize by force.

❸ 서로 생각이 다른 이상 공동 작업은 불가능해요.
As long as their thoughts are different, a joint task is impossible.

❹ 부모인 이상 자식이 잘못된 길로 가는 걸 두고 볼 수는 없지.
As long as I am his parent, I can't just sit and watch my child go down the wrong path.

❺ 죄를 지은 이상 벌을 받는 건 당연하다고 봅니다.
I think that as long as you have committed a crime it is absolutely natural that you receive punishment.

연습 Practice 맞는 문장을 고르십시오.
Choose the right sentence.

1. 경기에 참가한 이상 우승을 위해서 노력해야지요. (　　)
   경기에 참가한 이상 우승하지 않아도 괜찮습니다. (　　)
2. 계약서에 서명을 한 이상 계약내용을 수정해야 한다. (　　)
   계약서에 서명을 한 이상 계약내용을 수정할 수 없다. (　　)
3. 내가 책임자인 이상 근무 태만은 용납할 수 없습니다. (　　)
   내가 책임자인 이상 근무 태만을 용납해야겠습니까? (　　)

037 | -는 통에

용법 Usage

앞 문장이 뒤 문장의 원인이 됨을 나타내는 표현으로, 앞에서 일어난 일이 매우 정신없는 상황인 경우에 쓰인다.

This is used when the preceding clause, which happened in hectic circumstances, becomes a reason or grounds for the following clause.

활용 형태 Forms of Utilization

-는 통에 동사의 어간 뒤에 사용한다.
It is used behind the verb stem.

예 퍼붓**는 통에**, 부르**는 통에**

예문 Example

❶ 아이가 밤새도록 우는 통에 잠을 제대로 못 잤어요.
I couldn't sleep properly because my child cried all night.

❷ 옆에 앉은 여학생들이 떠드는 통에 도저히 집중할 수가 없었다.
I couldn't concentrate at all because the female students sitting next to me were being loud.

❸ 시간이 없다고 재촉하는 통에 중요한 서류를 놓고 나갔지 뭐예요.
Because I was pressured due to lack of time, I ended up leaving behind an important document.

참고 Note

명사의 경우 '통에'와 결합하는데, '전쟁', '난리', '장마' 등과 같은 특정 명사 뒤에 사용한다.
In the case of nouns, it is combined with '통에'. However, it is only used behind certain nouns such as 'war', 'revolt', 'monsoon'.

- 김 미순 할머니는 전쟁 통에 남편과 헤어져 지금까지 혼자 살고 있다.
- 비가 퍼붓는 장마 통에도 낚시 도구를 챙겨 나가다니 대단합니다.

연습 Practice '-는 통에'를 사용하여 두 문장을 한 문장으로 만드십시오.
Combine two sentences into one by using '-는 통에'.

1. 사람들이 갑자기 몰려들다 / 제대로 구경도 못했다니까요.

➡ ______________________________

2. 서로 갖겠다고 싸우다 / 똑같은 걸 하나 더 사주고 말았다.

➡ ______________________________

3. 옥상에서 물을 뿌리다 / 널어 놓은 빨래가 다시 젖었어요.

➡ ______________________________

038 | –는 판이다

용법 Usage 그러한 처지, 형편임을 나타낸다.
This ending indicates that someone is in the mentioned position or circumstances.

활용 형태 Forms of Utilization

–는 판이다 동사나 '있다', '없다'의 어간 뒤에 사용한다.
It is used after the stem of the verb or '있다', '없다'.

예 잃**는 판이다**, 떨어지**는 판이다**, 없**는 판이다**

–은 판이다 자음으로 끝나는 형용사의 어간 뒤에 사용한다.
It is used behind the adjectival stem that ends in consonants.

예 좁**은 판이다**

–ㄴ 판이다 모음으로 끝나는 형용사의 어간 뒤에 사용한다
It is used behind the adjectival stem that ends in vowels.

예 아**픈 판이다**

–은/ㄴ 판이다 과거의 완료된 사실을 나타낼 때 동사의 어간 뒤에 사용한다.
It is used after the stem of the verb to show a completed fact from the past.

예 잡**은 판이다**, 도망가 버**린 판이다**

–을/ㄹ 판이다 추측을 나타낼 때 동사의 어간 뒤에 사용한다.
It is used behind the verb stem to express one's supposition.

예 먹**을 판이다**, 넘어**갈 판이다**

예문 Example

❶ 장사가 안 돼 다들 문을 닫는 판에 가게를 연다니 말도 안 돼요.
It doesn't make any sense to open a store when everyone is closing their store because sales are down.

❷ 한 사람이라도 손이 아쉬운 판이라 돈을 더 주고라도 꼭 붙잡으세요.
We are in a state where every man counts significantly so make sure you hold on to him even if you have to give him more money.

❸ 우리 먹을 양식도 부족한 판에 남 걱정이 웬 말이에요?
How can you worry about others when we don't even have enough food to feed ourselves.

❹ 다 잡은 판이었는데 범인을 놓치다니 분하겠군요.
You must be upset that you lost the culprit when you had almost gotten him.

❺ 내가 아무 말도 안하고 잠자코 있으면 누명을 쓸 판입니다.
It looks like if I stay put and don't say anything right now I will be falsely charged.

연습 Practice '-는 판이다'를 사용하여 같은 의미가 되도록 문장을 만드십시오.
Make a sentence that it would have the same meaning as the other one by using '는 판이다'.

1. 먹고살기도 어려운 처지인데 대학원 공부를 계속 해야겠어요?

➡ ______

2. 거래처에서 대금 결제를 못 받으면 당장 부도가 날 상황입니다.

➡ ______

3. 새로 오는 일꾼들이 일이 고되다고 사흘도 못 가서 그만두는 형편이에요.

➡ ______

꼭~ 알아두기

039 | -는 한

용법 Usage 앞 문장이 뒤 문장의 행위나 상태에 대한 전제나 조건이 됨을 나타낸다.
This ending indicates the preceding clause is a prerequisite or condition for the following clause.

활용 형태 Forms of Utilization

-는 한 동사나 '있다', '없다'의 어간 뒤에 사용한다.
It is used after the stem of the verb or '있다', '없다'.

예 가지 않**는 한**, 노력하**는 한**, 살아 있**는 한**

예문 Example

❶ 제 힘이 닿는 한 최선을 다해 도와 드리겠습니다.
I will help you to the farthest of my powers.

❷ 실패를 두려워하는 한 성공의 기쁨을 맛볼 수 없어요.
As long as you fear failure, you will not taste the happiness of success.

❸ 특별한 이변이 없는 한 우승은 문제없을 것으로 예상된다.
I predict that unless there's an extraordinary event, there should be no problem winning.

연습 Practice '-는 한'을 사용하여 같은 의미가 되도록 문장을 만드십시오.
Make a sentence that it would have the same meaning as the other one by using '-는 한'.

1. 인터넷 실명제를 하지 않는다면 악성 댓글은 사라지지 않을 겁니다.

➡ ______________________________

2. 특별한 사정이 없으면 꼭 참석하도록 하십시오.

➡ ______________________________

3. 자세를 바로 잡지 않으면 어깨 통증은 계속 재발할 겁니다.

➡ ______________________________

040 | -는 한이 있더라도

용법 Usage

앞 문장의 내용이 매우 극단적인 조건이나 상황임을 전제하여, 말하는 사람이 매우 강한 의지를 갖고 있음을 나타낸다.

This is used when someone is strongly determined to perform the action in the following clause, even if an extreme condition or situation in the preceding clause would happen.

활용 형태 Forms of Utilization

-는 한이 있더라도

동사의 어간 뒤에 사용한다.

It is used behind the verb stem.

예 죽**는 한이 있더라도**, 그만두**는 한이 있더라도**

예문 Example

❶ 욕을 먹는 한이 있더라도 사실을 있는 그대로 밝혀야 합니다.
We have to reveal the facts as they are even though we may be cursed at.

❷ 밤을 새우는 한이 있더라도 이 일은 꼭 끝내야 해요.
Even if it means that we have to stay up all night, we must finish this task.

❸ 당분간 적자를 보는 한이 있더라도 연구개발을 멈출 수는 없다.
For the meantime even if we have to face a deficit, we can not stop the research and development.

연습 Practice '-는 한이 있더라도'를 사용하여 문장을 완성하십시오.
Complete the sentence by using '-는 한이 있더라도'.

1. ______________________ 부장님의 말을 따를 수 없습니다.

2. ______________________ 비밀을 끝까지 지켜야 한다.

3. ______________________ 기일 안에 일을 끝내겠습니다.

041 | -는 한편

용법 Usage

어떤 일이나 행동을 하면서 다른 일도 함을 나타낸다.
This is used when someone performs an action while doing something else.

활용 형태 Forms of Utilization

-는 한편 동사의 어간 뒤에 사용한다.
It is used behind the verb stem.

예 듣**는 한편**, 보**는 한편**

예문 Example

❶ 정보 수집을 위해 신문을 읽는 한편 인터넷 검색도 열심히 한다.
She is working hard at conducting internet searches while reading the newspaper to collect information.

❷ 공부를 열심히 하는 한편 체력관리도 소홀히 하지 않고 있습니다.
She is studying very hard while also making sure that she doesn't fall behind in taking care of her physical well being.

❸ 사업의 필요성을 홍보하는 한편 자금 확보에도 애써 주십시오.
Please do your best to publicize the necessity of this business while also gaining the necessary finances.

연습 Practice

'-는 한편'을 사용하여 두 문장을 한 문장으로 만드십시오.
Combine two sentences into one by using '-는 한편'.

1. 고객들에게 사은 행사를 알리는 전화를 걸다 / 안내지도 배포하고 있다.

➡ ____________________

2. 정부는 에너지 절약 정책을 추진하다 / 조직축소도 검토 중입니다.

➡ ____________________

3. 수해로 인한 피해상황을 조사하다 / 침수된 주택과 농경지에 대한 복구 작업도 병행하고 있다.

➡ ____________________

042 | -는다 치다

용법 Usage

앞 문장의 사실을 그러하다고 가정함을 의미한다. 주로 '-는다 치더라도', '-는다 치자', '-는다 치고'의 형태로 쓰인다.
This is used when assuming an preceding clause is true. It is typically used in a form of '-는다 치더라도', '-는다 치자' or '-는다 치고'.

활용 형태 Forms of Utilization

-는다 치다
자음으로 끝나는 동사의 어간 뒤에 사용한다.
It is used behind the verb stem that ends in consonants.

예 믿**는다 치다**

-ㄴ다 치다
모음으로 끝나는 동사의 어간 뒤에 사용한다.
It is used behind the verb stem that ends in vowels.

예 **온다 치다**

-다 치다
형용사의 어간 뒤에 사용한다.
It is used behind the adjectival stem.

예 없**다 치다**, 예쁘**다 치다**

이라 치다
명사 뒤에 사용한다.
It is used behind the noun.

예 진실**이라 치다**, 선배**이라 치다**

-었다/았다/였다 치다
과거의 사실을 나타낼 때 동사나 형용사의 어간 뒤에 사용한다.
It is used behind the verb or adjectival stem to show a fact from the past.

예 조사**했다 치다**, 깊**었다 치다**

예문 Example

❶ 부모님 허락은 받는다 칩시다. 그런데 사업 자금은 어떻게 마련할 생각입니까?
So let's say you do get your parents' approval. How then are you going to come up with the necessary funds for the business?

❷ 지금은 아무도 모른다 쳐도 영원히 비밀이 유지될 수는 없어요.
Even though no one may know right now, there is no way that this secret can be kept forever.

❸ 이제 무대 앞에 관객들이 있다 치고 연기를 펼쳐 보세요.
Pretend that an audience is in front of the stage and put on your act.

❹ 네 말이 거짓말이 아니라 치자. 그럼 그 말을 증명해줄 사람을 데리고 와 봐.
Let's say that your words are in fact not lies. Then go bring someone who can testify to your statement.

❺ 아무 일도 없었다 치고 그냥 넘어갈 수 있는 문제가 아닙니다.
This is not a problem that we can just pretend that nothing happened and let go off.

연습 Practice '-는다 치다'를 사용하여 같은 의미가 되도록 문장을 만드십시오.
Make a sentence that it would have the same meaning as the other one by using '-는다 치다'.

1. 10년 넘게 소식이 없는데 이젠 죽은 사람이라고 생각하고 더 기다리지 말아요.

   ➡ ____________________

2. 부모는 너를 믿는다고 해도 다른 사람들이 그 말을 믿어 주겠니?

   ➡ ____________________

3. 내가 말실수를 좀 했다고 해도 어떻게 그렇게 심한 말을 할 수 있어요?

   ➡ ____________________

043 | -는다손 치더라도

용법 Usage

앞 문장의 내용을 인정한다고 해도 그러한 것이 뒤 문장에 아무런 영향을 미치지 않음을 나타내는 표현이다. 뜻을 분명하게 하고 강조하기 위해서 '아무리'와 함께 쓰는 경우가 많다. '-는다고 하더라도'와 유사한 의미로 쓰인다.

This is used when, true as it is, the preceding clause does not influence the event in the following clause. The sentence often starts with an adverb '아무리' to put more emphasis on the meaning. '-는다고 하더라도' is a similar ending.

활용 형태 Forms of Utilization

-는다손 치더라도 자음으로 끝나는 동사의 어간 뒤에 사용한다.
It is used behind the verb stem that ends in consonants.

예 먹**는다손 치더라도**

-ㄴ다손 치더라도 모음으로 끝나는 동사의 어간 뒤에 사용한다.
It is used behind the verb stem that ends in vowels.

예 **간다손 치더라도**

-다손 치더라도 형용사의 어간 뒤에 사용한다.
It is used behind the adjectival stem.

예 가깝**다손 치더라도**, 예쁘**다손 치더라도**

이라손 치더라도 명사 뒤에 사용한다.
It is used behind the noun.

예 죄인**이라손 치더라도**, 바보**이라손 치더라도**

-었다손/았다손/였다손 치더라도
과거의 사실을 나타낼 때 동사나 형용사의 어간 뒤에 사용한다.
It is used behind the verb or adjectival stem to show a fact from the past.

예 말**했다손 치더라도**, 멀**었다손 치더라도**

예문 Example

❶ 사과를 받는다손 치더라도 이미 받은 마음의 상처는 씻어 내기 어려울 겁니다.
Even if an apology is received, it will be difficult to make the pain that has already been caused go away.

❷ 수술을 한다손 치더라도 결과를 보장할 수는 없다고 합니다.
They say that even if the surgery is done, the results of it can't be guaranteed.

❸ 아무리 바쁘다손 치더라고 자기가 맡은 일을 미루면 안 되지요.
No matter how busy you may be you shouldn't put off work that you have been assigned.

❹ 아무리 대통령이라손 치더라도 잘못을 저질렀으면 벌을 받아야지요.
Even if he is the president, if he does something wrong then he must receive punishment.

❺ 아무리 화가 났다손 치더라도 기본적인 예의를 지켜야 되는 거 아닙니까?
Even if you were angry, shouldn't you at least keep some basic manners?

연습 Practice 맞는 문장을 고르십시오.
Choose the right sentence.

1. 실수로 회사에 손해를 입혔다손 치더라도 해고당할 거예요. ( )
   실수로 회사에 손해를 입혔다손 치더라도 해고당하지는 않을 거예요. ( )
2. 아무리 배가 고프다손 치더라도 수업시간에 김밥을 먹어도 돼요. ( )
   아무리 배가 고프다손 치더라도 수업시간에 김밥을 먹으면 안 돼요. ( )
3. 휴가 중이라손 치더라도 회사에 급한 일이 생기면 출근해야지요. ( )
   휴가 중이라손 치더라도 회사에 급한 일이 생기면 출근하겠습니까? ( )

044 | -는답시고

용법 Usage

어떤 행위나 상태의 이유나 근거에 대해 빈정거리거나 얕잡아 말할 때, 또는 겸손하게 말할 때 쓴다.

This expresses mocking or despising a reason or ground mentioned for an action, state or situation. It can also be used when someone says something humbly.

활용 형태 Forms of Utilization

-는답시고
자음으로 끝나는 동사의 어간 뒤에 사용한다.
It is used behind the verb stem that ends in consonants.

예 믿**는답시고**

-ㄴ답시고
모음으로 끝나는 동사의 어간 뒤에 사용한다.
It is used behind the verb stem that ends in vowels.

예 **온답시고**

-답시고
형용사의 어간 뒤에 사용한다.
It is used behind the adjectival stem.

예 좋**답시고**, 예쁘**답시고**

이랍시고
명사 뒤에 사용한다.
It is used behind the noun.

예 대학생**이랍시고**, 친구**이랍시고**

-었답시고/았답시고/였답시고
과거의 완료된 사실을 나타낼 때 동사의 어간 뒤에 사용한다.
It is used behind the verb stem to show a fact from the past.

예 만들**었답시고**

-겠답시고
의지를 나타낼 때 동사의 어간 뒤에 사용한다.
It is used behind the verb stem to express one's will.

예 돕**겠답시고**

예문 Example

❶ 부지런히 한답시고 아침부터 했는데도 이만큼밖에 못했어요.
I went at it from morning thinking I was being quite diligent, but I still have only finished this much.

❷ 얼굴이 좀 예쁘답시고 콧대가 얼마나 높은지 몰라요.
You have no idea how snobby she is because she has a somewhat pretty face.

❸ 문단에 등단도 못 했으면서 작가이랍시고 무게를 잡고 다니더라.
He didn't even get into the literary circle but he goes around acting so serious because he's writer.

❹ 좀 배웠답시고 잘난 척 하는 게 영 마음에 안 든다.
I really dislike how he goes around acting like he is all that, because he has some education under his belt.

❺ 잘 해보겠답시고 의욕적으로 시작했는데 성과가 기대에 미치지 못했습니다.
I started this work with great zeal thinking that I could do it well but the desire did not meet the expectations.

연습 Practice

'-는답시고'를 사용하여 같은 의미가 되도록 문장을 만드십시오.
Make a sentence that it would have the same meaning as the other one by using '-는답시고'

1. 집안일을 돕는다고 도왔지만 오히려 엄마를 귀찮게 해 드린 것 같았다.

➡ ______________________________

2. 연예인이 되겠다면서 공부는 안 하고 외모에만 신경을 써요.

➡ ______________________________

3. 학벌이 좀 좋다고 얼마나 거만한지 주변의 눈총을 받을 정도예요.

➡ ______________________________

꼭~ 알아두기

045 | -는댔자

용법 Usage

양보하여 그렇다고 쳐도 인정된 사실이 기대에 못 미치거나 업신여길 수 있을 정도임을 나타낸다. '-는다고 했자'를 줄여 쓴 말로 '-는다고 하여도'의 뜻이다.
This is used when events which follow are not as expected so can easily be despised. It is a contracted form of '-는다고 했자' and is the same as '-는다고 하여도'.

활용 형태 Forms of Utilization

-는댔자 자음으로 끝나는 동사의 어간 뒤에 사용한다.
It is used behind the verb stem that ends in consonants.
예 돕**는댔자**

-ㄴ댔자 모음으로 끝나는 동사의 어간 뒤에 사용한다.
It is used behind the verb stem that ends in vowels.
예 **온댔자**

-댔자 형용사의 어간 뒤에 사용한다.
It is used behind the adjectival stem.
예 좁**댔자**, 슬프**댔자**

이랬자 명사 뒤에 사용한다.
It is used behind the noun.
예 이익**이랬자**, 손해**이랬자**

-었댔자/았댔자/였댔자
과거의 사실을 나타낼 때는 동사나 형용사의 어간 뒤에 사용한다.
It is used behind the verb or adjectival stem to show a fact from the past.
예 배**웠댔자**, 많**았댔자**

예문 Example

❶ 아이가 먹는댔자 얼마나 먹는다고 장을 이렇게 많이 봤어요?
A child can only eat so much, so what were you thinking buying all this food?

❷ 요즘 내가 만나는 사람들을 일일이 손꼽아 본댔자 다섯 손가락이면 충분하다.
Even if I count each and every person that I meet these days, all I need are my five fingers.

❸ 이렇게 구석진 시골 마을에서 재산이 많댔자 얼마나 되겠어?
This is such a remote country village that even if they say there's a lot of wealth here, just how much do you think there will be?

❹ 물려받은 재산이랬자 집 한 채가 다인걸요.
As for the wealth that I have inherited, all it is a single house.

❺ 몇 개월 배웠댔자 솜씨가 어디 내놓을 만하겠어요?
Even though I learned for a couple of months, do you really think that my skills are worth displaying somewhere?

연습 Practice '-는댔자'를 사용하여 대화를 완성하십시오.
Complete the conversation by using '-는댔자'.

1. 가 : 상대 팀 전력이 어떨지 모르겠어요.
   나 : 걱정하지 마세요. ______________________
2. 가 : 기름 값이 조금이라도 싼 주유소를 찾아다녀야겠어요.
   나 : ______________________
3. 가 : 이번에 진보적인 신당의 지지자가 많지 않을까요?
   나 : 그렇지는 않아요. ______________________

046 | -는지라

용법 Usage 앞 문장의 내용이 뒤 문장의 이유가 되는 근거임을 나타낸다.
This is used when the preceding clause is the basis that is a reason for the following one.

활용 형태 Forms of Utilization

-는지라 동사나 '있다', '없다'의 어간 뒤에 사용한다.
It is used after the stem of the verb or '있다', '없다'.
예 찾**는지라**, 오**는지라**, 없**는지라**

-은지라 자음으로 끝나는 형용사의 어간 뒤에 사용한다.
It is used behind the adjectival stem that ends in consonants.
예 좁**은지라**

-ㄴ지라 모음으로 끝나는 형용사의 어간 뒤에 사용한다.
It is used behind the adjectival stem that ends in vowels.
예 슬**픈지라**

인지라 명사 뒤에 사용한다.
It is used behind the noun.
예 직원**인지라**, 선배**인지라**

-었는지라/았는지라/였는지라
과거의 사실을 나타낼 때 동사나 형용사의 어간 뒤에 사용한다.
It is used behind the verb or adjectival stem to show a fact from the past.
예 배**웠는지라**, 기**뻤는지라**

-겠는지라 추측을 나타낼 때 동사나 형용사의 어간 뒤에 사용한다.
It is used behind the verb or adjectival stem to show one's supposition.
예 떠나**겠는지라**, 뜨겁**겠는지라**

예문 Example

❶ 앞에 나서는 것을 워낙 싫어하는지라 그냥 뒤에서 지켜만 보고 있다.
Because I extremely dislike going out in front of others, I am just watching from the back.

❷ 절친했던 친구를 잃은 슬픔이 깊은지라 한동안 말을 잃고 지냈습니다.
Being as the grief of losing a close friend was so great, I spent a while with a loss of words.

❸ 철이 철인지라 거리는 화사한 봄 색깔로 치장하고 있었다.
The season being as it is, the streets are decorated in bright spring colors.

❹ 그때는 누구의 도움도 받을 수 없었는지라 더욱 외로움을 느꼈다.
Being that I couldn't receive anyone's help at that time, I felt all the more lonely.

❺ 더 이상 훈련을 못 받겠는지라 포기하겠다고 말씀드려야겠다.
Being that I can not receive training anymore, I will tell him that I quit.

연습 Practice 다음 문장을 완성하십시오.
Complete the sentences.

1. 주말 밤에는 응급환자가 많은지라 ______________________

2. 까마득한 선배의 말인지라 ______________________

3. 믿었던 사람에 대한 실망이 너무 컸는지라 ______________________

문법 알아보기

ㄷ

047 | -다 못해

용법 Usage

정도가 지나쳐서 그 이상의 극단적 상태에까지 이르렀거나 한계에 이르러 더 이상 그 동작의 상태를 유지할 수 없음을 의미한다.

This is used when something goes too far and reaches an extreme or a level which can no longer be maintained.

활용 형태 Forms of Utilization

-다 못해 동사나 형용사의 어간 뒤에 사용한다.
It is used behind the verb or adjectival stem.

예 듣**다 못해**, 보**다 못해**, 하얗**다 못해**, 냉정하**다 못해**

예문 Example

❶ 기다리다 못해 이렇게 찾아왔습니다.
I couldn't wait any longer so that's why I found my way here.

❷ 무대 위를 걷는 그녀는 아름답다 못해 눈이 부실 정도였어.
The girl who walked across the stage was so beautiful that my eyes were blinded.

❸ 희다 못해 푸른 기가 감도는 도자기의 빛깔이 인상적이었다.
It was impressive how the ceramic ware was so white that it gave off a greenish linger.

연습 Practice

다음 문장을 완성하십시오.
Complete the sentences.

1. 합격 소식을 듣고 기쁘다 못해 ______________________
2. 상사의 부당한 요구를 견디다 못해 ______________________
3. 혼자 낑낑대는 모습을 보다 못해 ______________________

048 | -다마다

용법 Usage

상대방의 말에 동의하면서 당연히 그렇다고 하거나 그렇게 하겠다고 함을 나타낸다. '-다마다요'로 높여 말할 수 있고, '-고말고'와 바꿔 쓸 수 있다.

This is used when the speaker expresses agreement with another person. Furthermore, the speaker stresses what he heard is such a natural thing. '-다마다요' is its honorific. It can be replaced with '-고말고'.

활용 형태 Forms of Utilization

-다마다 동사나 형용사의 어간 뒤에 사용한다.
It is used behind the verb or adjectival stem.
예 듣**다마다**, 보**다마다**, 그렇**다마다**, 아프**다마다**

이다마다 명사 뒤에 사용한다.
It is used behind the noun.
예 신랑감**이다마다**, 제자**이다마다**

-었다마다/았다마다/였다마다
과거의 사실을 나타낼 때 동사나 형용사의 어간 뒤에 사용한다.
It is used behind the verb or adjectival stem to show a fact from the past.
예 그**랬다마다**, 미**웠다마다**

예문 Example

❶ 가 : 제가 보내드린 김치 냉장고는 잘 쓰고 계세요?
나 : 그럼, 덕분에 잘 쓰고 있다마다.
A : Are you using the Kimchi fridge that I sent well?
B : Of course, it goes without saying that we are using it well thanks to you.

❷ 가 : 저 후보가 정말 괜찮은 것 같지요?
나 : 그럼요, 지도력이며 성품이며 대통령감이다마다요.
A : That candidate seems really great right?
B : Of course, it goes without saying that his leadership and character make him presidential material.

❸ 가 : 어머니, 철수가 무대 위에서 연주를 잘 하던가요?
나 : 그럼, 떨지도 않고 잘 했다마다. 역시 우리 손자야!
A : Mother, did Chulsoo perform well on stage?
B : Of course, it goes without saying that he did well without even shaking. That's my grand kid!

연습 Practice '-다마다'를 사용하여 대화를 완성하십시오.
Complete the conversation by using '-다마다'.

1. 가 : 다음 주 우리 식당 개업식에 오실 거지요?
   나 : 걱정하지 마세요. ______________________

2. 가 : 서비스 신청이 밀려서 오후 늦게라야 방문할 수 있는데 괜찮으신가요?
   나 : ______________________

3. 가 : 아빠, 세상에서 제가 만든 요리가 제일 맛있죠?
   나 : ______________________

049 | –다시피 하다

용법 Usage 실제로 그 동작을 하는 것은 아니지만 거의 그 동작에 가까움을 나타낸다.
This is used when someone does not actually perform an action, but what he does looks very similar to it.

활용 형태 Forms of Utilization

–다시피 하다 동사나 '있다', '없다'의 어간 뒤에 사용한다.
It is used after the stem of the verb or '있다', '없다'.

예 밟**다시피 하다**, 붙어 다니**다시피 하다**, 없**다시피 하다**

예문 Example

❶ 쌓인 업무를 처리하느라고 요즘은 점심을 거의 굶다시피 하고 있어요.
I'm more like skipping lunch these days so that I can process all this work that's built up.

❷ 봉사 동아리 회원인 친구는 사람이 모자란다며 나를 거의 끌고 가다시피 했다.
My friend who is a member of the volunteer club claimed that more people were needed and half dragged me away.

❸ 무슨 일에 정신을 쏟고 있는지 요즘 계속 사무실을 비우다시피 하던데요.
As if there is something that she is pointing her mind into, she recently continues to almost be vacant from the office.

연습 Practice '–다시피 하다'를 사용하여 대화를 완성하십시오.
Complete the conversation by using '–다시피 하다'.

1. 가 : 신년 특집 방송 프로그램 준비는 잘 되고 있습니까?
   나 : ______________________________

2. 가 : 두 사람은 어쩌다가 연인이라는 소문이 난 거야?
   나 : ______________________________

3. 가 : 친구 부탁을 절대 안 들어 줄 것 같더니 어떻게 마음이 변했어요?
   나 : ______________________________

050 | -던 차에

용법 Usage

마침 어떠한 일을 하던 기회나 순간에 그 일과 관련된 일이 일어남을 나타낸다. '-던 참에'와 유사한 의미로 쓰인다.

This ending indicates a situation where a relevant event happens when someone is about to perform an action. '-던 참에' is a similar ending.

활용 형태 Forms of Utilization

-던 차에 동사나 '있다', '없다'의 어간 뒤에 사용한다.

It is used after the stem of the verb or '있다', '없다'.

예 먹**던 차에**, 붙이**던 차에**, 생각하고 있**던 차에**

예문 Example

❶ 아르바이트를 찾던 차에 마침 영수가 좋은 자리를 소개해 주었다.
Right when I was looking for a part time job, Young–su introduced me to a good place.

❷ 막 잠이 들려고 하던 차에 전화가 걸려 왔어요.
Right when I was about to fall asleep a phone call came.

❸ 어떤 옷을 입을까 고민하고 있던 차에 언니 옷이 눈에 띄어 허락없이 입었다.
Right when I was wondering what kind of clothes I should wear, my sister's clothes came into my sight so I wore them without her permission.

연습 Practice

'-던 차에'를 사용하여 같은 의미가 되도록 문장을 만드십시오.
Make a sentence that it would have the same meaning as the other one by using '-던 차에'.

1. 전화를 걸려고 했는데 마침 연락이 와서 사정을 말씀드렸어요.

➡ ______________________________

2. 유학준비를 하는 중에 우연히 선배한테 좋은 학교를 소개 받았다.

➡ ______________________________

3. 어떻게 하면 아이가 다양한 채소를 섭취할 수 있을까 생각하다가 알게 된 요리법입니다.

➡ ______________________________

051 | -되

용법 Usage

앞 문장의 내용을 인정하거나 허락하면서도 그에 대한 단서가 있음을 나타낸다.
This is used when someone accepts or permits the event or situation in an preceding clause, but there is a precondition.

활용 형태 Forms of Utilization

-되 동사의 어간 뒤에 사용한다.
It is used behind the verb stem.

예 먹**되**, 쓰**되**

예문 Example

❶ 책을 읽되 소리를 내지 말고 눈으로 읽어라.
Read the book but do so without making a sound and just with your eyes.

❷ 죄는 미워하되 사람은 미워하지 말라는 말이 있어요.
There is a saying that says that we should hate the sin but not the sinner.

❸ 네가 하고 싶은 것을 하되 네 행동에 책임을 져야 한다.
You can do what you want to do but you must take responsibility for your actions.

참고 Note

동사나 형용사와 결합하여 앞 문장과 뒤 문장의 내용이 대립적인 사실임을 나타내기도 한다.
It is used with verbs and adjectives to express that the information of the front and back clauses conflicts with each other.

- 생계형 사범은 사면하되 일반 사범은 사면 대상에서 제외했다.
- 소리는 작되 그 울림은 매우 커 사람들의 마음을 움직이기까지 했다.

연습 Practice

'-되'를 사용하여 대화를 완성하십시오.
Complete the conversation by using '-되'.

1. 가 : 게임을 한번 시작하면 시간 가는 줄 모르고 하다 보니 일상생활에 지장을 받게 되네요.

   나 : ______________________________

2. 가 : 저축으로 내 집 마련은 어렵겠어요. 좀 위험해도 투자를 해야 돈을 불릴 수 있지 않을까요?

   나 : ______________________________

3. 가 : 약 복용기간 중에 조심해야 할 사항은 무엇입니까?

   나 : ______________________________

문법 알아보기

ㅇ

052 | -어 봤자

용법 Usage

주로 동사와 결합하여 그렇게 시도를 해 본다고 해도 어떤 결과나 소용이 없다는 의미이다.
Mainly combined with a verb, this indicates that any attempt is of no use.

활용 형태 Forms of Utilization

-어/아/여 봤자 동사의 어간 뒤에 사용한다.
It is used behind the verb stem.

예 먹**어 봤자**, 찾**아 봤자**, 공부**해 봤자**

예문 Example

❶ 거대 언론을 상대로 싸워 봤자 본전도 못 찾을 겁니다.
If you start a fight against a big media outlet, you won't even have what you started with.

❷ 책상에 앉아 있어 봤자 수술 중이신 어머니 걱정에 글씨가 눈에 들어 오지 않았다.
Even if I sat in front of the desk, worries of my mother who's in surgery clouded my eyes so that I couldn't read any of the words.

❸ 뛰어 봤자 벼룩이라는 말도 못 들어 봤어요?
Haven't you heard the saying 'even if you jump you're merely a flea'?

참고 Note

형용사와 결합하는 경우, 정도나 상태가 아무리 그렇다고 해도 별 의미가 없거나 소용이 없음을 나타낸다.
When it is combined with adjectives, it shows that there isn't much meaning or that it doesn't matter regardless of the situation or degree.

- 돈이 많아 봤자 얼마나 많겠어?
- 성공률이 높아 봤자 10%도 넘지 못할 겁니다.

연습 Practice '-어 봤자'를 사용하여 대화를 완성하십시오.
Complete the conversation by using '-어 봤자'.

1. 가 : 아직도 승차 거부를 하는 택시가 있어요? 경찰에 신고할까요?

   나 : 관두세요. ________________________________

2. 가 : 제출기한을 연기해 달라고 다시 한 번 부탁해 보는 게 어때요?

   나 : 소용없어요. ________________________________

3. 가 : 그러다 쓰러지겠어요. 감기가 심하신 것 같은데 좀 쉬세요.

   나 : ________________________________

꼭~ 알아두기

053 | –어 주십사 하다

용법 Usage

상대방에게 매우 조심스럽고 공손하게 부탁할 때 쓰는 표현이다. 주로 '–어 주십사 하고', '–어 주십사 해서'의 형태로 쓰며 '하다'는 생략할 수 있다.
This is used when someone asks a favor very politely. It is typically used in a form of '–어 주십사 하고' or '–어 주십사 해서'. '하다' can be dropped.

활용 형태 Forms of Utilization

–어/아/여 주십사 하다

동사의 어간 뒤에 사용한다.
It is used behind the verb stem.

예 빌**려 주십사 하다**, 찾**아 주십사 하다**, 참석**해 주십사 하다**

예문 Example

❶ 장애인 학교 설립을 도와주십사 하고 이렇게 찾아뵈었습니다.
I have sought you out to ask you if you could help us establish a school for the disabled.

❷ 참석 여부를 알려 주십사 해서 연락드렸습니다.
I called to ask if you could tell me if you would be attending.

❸ 넓은 아량으로 이해해 주십사 말씀드렸습니다.
I told you in hopes that you could be generous in your understanding.

연습 Practice

'–어 주십사 하다'를 사용하여 대화를 완성하십시오.
Complete the conversation by using '–어 주십사 하다'.

1. 가 : 자네, 오랜만에 학교까지 웬일인가?
   나 : ______________________ 선생님을 뵈러 왔습니다.

2. 가 : 아니, 이거 웬 떡이에요? 개업하셨어요?
   나 : 네, ______________________ 드리는 떡이에요.

3. 가 : 이 사업계획서는 검토 대상에서 제외된 걸로 알고 있는데요.
   나 : 그래서 ______________________

054 | -어서야

용법 Usage

앞 문장과 같은 상황에서는 뒤 문장의 내용이 절대로 일어날 수 없다는 것을 강하게 나타낸다. 뒤 문장은 '어디 -겠어요?'와 같은 반어적인 의문문 형태가 주로 쓰인다.
This is used to strongly stress that the following clause can never happen in the situation given in the preceding clause. This ending is typically followed by a rhetorical question like '어디 -겠어요?'.

활용 형태 Forms of Utilization

-어서야/아서야/여서야

동사나 형용사의 어간 뒤에 사용한다.
It is used behind the verb or adjectival stem.

예 마**셔서야**, 작**아서야**, 싫어**해서야**

예문 Example

❶ 이렇게 부끄러움을 타서야 어디 여자를 사귈 수 있겠니?
How can you go out with a girl when you are so bashful?

❷ 그렇게 속이 좁아서야 어떻게 사회생활을 할 수 있겠어요?
How do you think you can face society if you are so small minded like that?

❸ 나이가 어리다고 함부로 대해서야 되겠습니까?
Should you treat him so recklessly because he is young?

참고 Note

'-어서'의 강조 형태로 '어떠한 시간이 되어서'의 뜻을 나타내기도 한다.
It is an emphasized form of '-어서' to express that certain time has reached.

- 날이 저물어서야 간신히 목적지에 도착할 수 있었다.
- 마감 시간이 다 되어서야 겨우 부랴부랴 이메일을 보냈습니다.

연습 Practice

'-어서야'를 사용하여 문장을 완성하십시오.
Complete the sentence by usin '-어서야'.

1. ______________________ 어디 제시간에 일을 끝낼 수 있겠어요?

2. ______________________ 어디 친구라고 말할 수 있겠습니까?

3. ______________________ 어디 영양을 골고루 섭취할 수 있겠니?

055 | -었던들

용법 Usage

지난 사실을 현재와 다르게 가정할 때 쓰는 표현이다. 아쉽거나 후회스러운 일에 쓰므로 뒤 문장에는 '-었을 걸'이나 '-었을 텐데'와 같은 표현이 자연스럽게 연결된다. '-었더라면'과 유사한 의미로 쓰인다.

This is used when, feeling regretful or there is something left wanting, someone imagines an event or situation which is different from the real event or situation in the past. The sentence ends with '-었을 걸' or '-었을 텐데'. '-었더라면' is a similar ending.

활용 형태 Forms of Utilization

-었던들/았던들/였던들

동사나 형용사의 어간 뒤에 사용한다.

It is used behind the verb or adjectival stem.

예 배**웠던들**, 빨**랐던들**, 노력**했던들**

이었던들

명사 뒤에 사용한다.

It is used behind the noun.

예 아들**이었던들**, 친구**이었던들**

예문 Example

❶ 노사가 서로 조금만 양보했던들 파업은 막을 수 있었을 텐데요.
If only the labor and management had conceded just a little then a strike could have been stopped.

❷ 날씨만 춥지 않았던들 야외에서도 할 수 있었을 겁니다.
If only the weather hadn't been cold then we could have had it outside.

❸ 그 날이 평일이었던들 인명 피해가 이렇게 심하지 않았을 걸.
If only that day had been a weekday, then the number of lives lost wouldn't have been so great.

ㅇ

연습 Practice

'-었던들'을 사용하여 문장을 완성하십시오.

Complete the sentence by using '-었던들'.

1. ______________________ 목숨을 구할 수 있었을 텐데요.

2. ______________________ 그런 실수는 하지 않았을 걸.

3. ______________________ 노년을 외롭게 지내지 않았을 겁니다.

056 | 에 비추어

용법 Usage 판단의 근거가 되는 어떠한 대상을 들어 말할 때 쓰는 표현으로, '에 비추어 보면', '에 비추어 볼 때'와 같은 형태로 주로 쓰인다.
This is used to present grounds for a judgment. It is typically used in a form of '에 비추어 보면', '에 비추어 볼 때'.

활용 형태 Forms of Utilization

에 비추어 명사 뒤에 사용한다.
It is used behind the noun.

예 말씀**에 비추어**, 과거**에 비추어**

예문 Example

❶ 법이란 국민들의 건전한 상식에 비추어 무리가 없어야 한다.
The law should not be unreasonable reflecting on people's sound common knowledge.

❷ 개인적인 경험에 비추어 보면 결국 자신의 판단이 가장 중요해요.
Reflecting on my personal experiences, your own judgement is the most important at last.

❸ 현실에 비추어 볼 때 정부의 정책은 실현 가능성이 적다고 봅니다.
Reflecting on the reality, the possibility of practicing the government's policy is very small.

연습 Practice '에 비추어'를 사용하여 한 문장으로 만드십시오.
Combine the followings into one sentence by using '에 비추어'.

1. 세계적인 흐름 / 녹색 기술 개발을 서둘러야 합니다.
➡ ____________________

2. 헌법의 기본 정신 / 낙태 행위는 불법이라고 볼 수밖에 없다.
➡ ____________________

3. 예년의 수확량 / 올해도 평년과 같은 수준이 예상됩니다.
➡ ____________________

ㅇ

057 | 에도 불구하고

용법 Usage

명사에 붙어 앞 문장의 행위나 상태의 결과에서 기대할 수 있는 것과 다르거나 반대의 결과가 뒤 문장에 옴을 나타낸다.

Added to a noun, this ending indicates that a consequence or result which is different from, or contrary to the common result, will follow the given situation.

활용 형태 Forms of Utilization

에도 불구하고 명사 뒤에 사용한다.
It is used behind the noun.

예 노력**에도 불구하고**, 추위**에도 불구하고**

예문 Example

❶ 장애인에 대한 편견에도 불구하고 그는 당당히 꿈을 이루어 나갔다.
Despite the prejudice towards disabled people, he was able to boldly live out his dream.

❷ 정성어린 간호에도 불구하고 숨을 거두고 말았습니다.
Despite the careful nursing he breathed his last breath.

❸ 야당의 강력한 반대에도 불구하고 여당은 법안을 단독 처리했다.
Despite the strong objection by the opposition party, the ruling party passed the law on their own.

참고 Note

동사나 형용사, '이다'의 경우에는 명사형 '–음에도 불구하고'의 형태로 쓰인다.
In the case of verbs, adjectives or '이다', it can be used as the noun form '–음에도 불구하고'.

- 그럼에도 불구하고 당신을 포기할 수 없습니다.
- 자식이 하나임에도 불구하고 전쟁터에 나가는 나를 자랑스러워 하셨다.
- 최선을 다했음에도 불구하고 결과는 그리 만족스럽지 않았어요.

연습 Practice '에도 불구하고'를 사용하여 두 문장을 한 문장으로 만드십시오.
Combine two sentences into one by using '에도 불구하고'.

1. 의학이 눈부시게 발전했다 / 여전히 불치병으로 죽어가는 사람들이 많다.

   ➡ ______________________________

2. 국제 유가가 하락하고 있다 / 국내 석유 값은 떨어지지 않고 있다.

   ➡ ______________________________

3. 가격 경쟁력을 갖추고 있다 / 소비자들의 눈길을 끌지 못하는 원인을 분석해야 한다.

   ➡ ______________________________

058 | -으나마

용법 Usage 앞 문장의 내용이 그리 흡족하지는 않지만 아쉬운 대로 받아들여야 함을 나타낸다.
This is used when someone accepts a situation which is not so satisfactory.

활용 형태 Forms of Utilization

-으나마 자음으로 끝나는 형용사의 어간 뒤에 사용한다.
It is used behind the adjectival stem that ends in consonants.
예 작**으나마**

-나마 모음으로 끝나는 형용사의 어간 뒤에 사용한다.
It is used behind the adjectival stem that ends in vowels.
예 비슷하**나마**

예문 Example

❶ 근사한 모임을 기대했지만 아쉬우나마 이 정도로 만족해야 했다.
I was anticipating a superb meeting but I guess I'll have to be satisfied with this.

❷ 누추하나마 잠시 들어오셔서 쉬었다 가시지요.
It's shabby but please come in and rest for awhile.

❸ 약소하나마 성의라고 생각하시고 받아 주십시오.
It's quite meager but please think of it as a gesture of sincereity and accept it.

참고 Note

동사의 경우 '-지 못하나마'의 형태로 주로 쓰인다.
When it is used with verbs, '-지 못하나마' form is usually used.

- 잘 하지는 못하나마 나름대로 열심히 했으니 이해해 주시기 바랍니다.
- 발 벗고 나서지는 못하나마 힘닿는 데까지 도와 드리겠습니다.

연습 Practice

맞는 문장을 고르십시오.
Choose the right sentence.

1. 부족하나마 피해 지역에 도움이 되었으면 합니다. ( )
   부족하나마 피해 지역에 도움이 되기 어렵습니다. ( )

2. 간단하나마 이것으로 수상 소감이 되겠습니까? ( )
   간단하나마 이것으로 수상 소감을 대신하겠습니다. ( )

3. 서투르나마 제 솜씨를 보여 드리고 싶었습니다. ( )
   서투르나마 여러분의 솜씨를 맘껏 발휘해 주십시오. ( )

059 | -으랴 -으랴

용법 Usage 여러 가지 일을 나열하면서 그러한 일들을 하느라 애씀을 나타낸다.
This is used to indicate that the person is carrying out multiple tasks but is struggling to handle the workload.

활용 형태 Forms of Utilization

-으랴 -으랴 자음으로 끝나는 동사의 어간 뒤에 사용한다.
It is used behind the verb stem that ends in consonants.

예 씻**으랴** 닦**으랴**

-랴 -랴 모음으로 끝나는 동사의 어간 뒤에 사용한다.
It is used behind the verb stem that ends in vowels.

예 돌보**랴** 치우**랴**

예문 Example

❶ 주문 받으랴 배달하랴 몸이 두 개라도 모자랄 지경이에요.
I'm up to my neck in work these days having to juggle taking order and going on deliveries.

❷ 강의 들으랴 공책에 받아 적으랴 정신이 하나도 없네요.
I am in a daze trying to juggle listening to lectures and taking notes.

❸ 회의 준비하랴 보고서 쓰랴 점심 먹을 시간도 없었습니다.
I had no time to eat lunch trying to juggle preparing for the meeting and writing the report.

연습 Practice '-으랴 -으랴'를 사용하여 대화를 완성하십시오.
Complete the conversation by using '-으랴 -으랴'.

1. 가 : 아이 키우시면서 직장 다니시느라 힘드시겠어요.
   나 : 말도 마세요. ____________________

2. 가 : 유학 준비는 잘 되고 있나요? 챙겨야 할 게 많을 텐데요.
   나 : 네, ____________________

3. 가 : 새로 시작한 서비스 센터 업무에 잘 적응하고 있지요?
   나 : 네, ____________________

060 | -으랴마는

용법 Usage

추측한 앞 문장의 내용을 시인하되 그것이 뒤 문장의 내용에 영향을 미치지 않음을 나타낸다. '-겠냐마는'과 유사한 의미로 쓰이며, '-으랴만'으로 줄여 쓸 수 있다.
This is used when someone acknowledges that the preceding clause will not affect the event in the following clause. '-겠냐마는' is a similar ending. It can be contracted to '-으랴만'.

활용 형태 Forms of Utilization

-으랴마는 자음으로 끝나는 동사나 형용사의 어간 뒤에 사용한다.
It is used behind the verb or adjectival stem that ends in consonants.

예 잊**으랴마는**, 넓**으랴마는**

-랴마는 모음으로 끝나는 동사나 형용사의 어간 뒤에 사용한다.
It is used behind the verb or adjectival stem that ends in vowels.

예 기다리**랴마는**, 깨끗하**랴마는**

이랴마는 명사 뒤에 사용한다.
It is used behind the noun.

예 스님**이랴마는**, 신부**이랴마는**

-었으랴마는/았으랴마는/였으랴마는
과거의 사실을 나타낼 때 동사나 형용사의 어간 뒤에 사용한다.
It is used behind the verb or adjectival stem to show a fact from the past.

예 **갔으랴마는**, 있**었으랴마는**

-겠으랴마는 추측을 나타낼 때 동사나 형용사의 어간 뒤에 사용한다.
It is used behind the verb or adjectival stem to express one's supposition.

예 오**겠으랴마는**, 싫**겠으랴마는**

예문 Example

❶ 그날의 분노를 어찌 잊으랴마는 이제는 용서할 때가 되었다.
It is difficult for me to forget the anger that I felt that day, however the time has come for me to forgive.

❷ 큰 시험을 준비하고 있으니 한가하랴마는 아버님 기일은 잊지 말거라.
The last thing you must be is free when you are preparing for a big exam, but don't forget anniversary of dad's death.

❸ 어려울 때 친구를 외면하는 이가 진정한 친구이랴마는 어쩔 수 없는 상황도 있다.
A real friend isn't one that looks away when a friend is going through difficult times, but there are also circumstances where nothing can be done.

❹ 옛 애인에 대한 궁금함이 없었으랴마는 그런 속마음을 숨기고 있었다.
Of course I had my curiosities about her ex–boyfriend, but I kept those thoughts to myself.

❺ 초대받지 않은 자리에 나타나겠으랴마는 혹시 올까 봐 걱정이다.
He'll surely not show up uninvited, but I am worried that he just might come.

연습 Practice

'–으랴마는'을 사용하여 같은 의미가 되도록 문장을 만드십시오.
Make a sentence that it would have the same meaning as the other one by using '–으랴마는'.

1. 혼자 유학생활을 하는 어려움이 있었겠지만 잘 헤쳐 나갔다.

➡ ____________________

2. 상위권 입상이 불가능하겠지만 끝까지 최선을 다하도록 해야지요.

➡ ____________________

3. 당장 손해 볼 걸 알면서 투자할 사람은 없겠지만 장기적인 안목으로 보면 투자할 만도 하다.

➡ ____________________

061 | -으려나

용법 Usage

친구나 아랫사람에게 쓰이거나 혼잣말로 쓰여 어떤 상태나 상황에 대한 추측이나 궁금함을 나타낸다.

This is used when someone talks to his friend, juniors or subordinates, or mumbles to himself. It expresses a conjecture or simple curiosity.

활용 형태 Forms of Utilization

-으려나

자음으로 끝나는 동사나 형용사의 어간 뒤에 사용한다.

It is used behind the verb or adjectival stem that ends in consonants.

예 믿**으려나**, 재미있**으려나**

-려나

모음으로 끝나는 동사나 형용사의 어간 뒤에 사용한다.

It is used behind the verb or adjectival stem that ends in vowels.

예 오**려나**, 예쁘**려나**

-었으려나/았으려나/였으려나

과거의 사실을 나타낼 때 동사나 형용사의 어간 뒤에 사용한다.

It is used behind the verb or adjectival stem to show a fact from the past.

예 발표**했으려나**, 짧**았으려나**

예문 Example

❶ 아직 도착하지 않는 걸 보니 참석하지 않으려나.
Seeing that he hasn't arrived yet, maybe he isn't going to attend at all.

❷ 주말에는 붐비겠지만 평일 오전에 가면 좀 한적하려나.
It is crowded during weekends, but maybe it might be a bit quiet if we go on a weekday morning.

❸ 연습도 제대로 못했는데 실기시험은 무사히 봤으려나.
She didn't even get to practice properly so I wonder if she did alright on the practical test.

참고 Note

그러할 것 같다고 추측할 때 '-으려나 보다'의 형태로 쓴다.

'-으려나 보다' form is used when the speaker is inferring.

- 아무도 안 오려나 봐요.
- 이번 문제는 그냥 덮으려나 봅니다.

참고 Note

그리 될까 봐 걱정함을 나타낼 때 '–으려나 모르다'의 형태로 쓴다.
When the speaker is worried about something will happen, '–으려나 모르다' form is used.

- 이렇게 늦게 가도 혼나지 않으려나 몰라.
- 상황이 안 좋아 보이던데 별일 없으려나 모르겠습니다.

연습 Practice '–으려나'를 사용하여 같은 의미가 되도록 문장을 만드십시오.
Make a sentence that it would have the same meaning as the other one by using '–으려나'.

1. 행사는 별 탈 없이 진행되고 있을까?

➡ ______________________________

2. 꼼꼼한 부장님이 이런 기획안을 결재해 주실까?

➡ ______________________________

3. 아무도 발언하지 않는 걸 보면 더 이상 반대하지 않을 것 같다.

➡ ______________________________

062 | -으려니 하다

용법 Usage

어떤 상황일거라고 추측하거나 미루어 생각함을 나타낸다. '하다' 대신 '생각하다, 여기다' 등을 쓸 수 있다.

This is used when someone imagine a situation. '하다' can be replaced with '생각하다' or '여기다'.

활용 형태 Forms of Utilization

-으려니 하다 자음으로 끝나는 동사나 형용사의 어간 뒤에 사용한다.
It is used behind the verb or adjectival stem that ends in consonants.

예 읽**으려니 하다**, 없**으려니 하다**

-려니 하다 모음으로 끝나는 동사나 형용사의 어간 뒤에 사용한다.
It is used behind the verb or adjectival stem that ends in vowels.

예 쉬**려니 하다**, 싸**려니 하다**

이려니 하다 명사 뒤에 사용한다.
It is used behind the noun.

예 부자지간**이려니 하다**, 소나기**이려니 하다**

-었으려니/았으려니/였으려니 하다
과거의 사실을 나타낼 때 동사나 형용사의 어간 뒤에 사용한다.
It is used behind the verb or adjectival stem to show a fact from the past.

예 만**났으려니 하다**, 아**팠으려니 하다**

-겠으려니 하다 추측을 나타낼 때 동사나 형용사의 어간 뒤에 사용한다.
It is used behind the verb or adjectival stem to express supposition.

예 잘 되**겠으려니 하다**, 시원하**겠으려니 하다**

예문 Example

❶ 제시간에 도착하려니 한 게 잘못이었어요.
It's my fault that I thought I could arrive on time.

❷ 약은 다 쓰려니 하고 먹지 않으려는 아이가 많다.
There are many kids who don't want to take medicine, thinking that all medicines are bitter.

❸ 학창시절에 다 한 번쯤 겪는 일이려니 생각하세요.
Just think of it as something that everyone goes through during one's school years.

❹ 시키는 대로 했으려니 했는데 엉뚱한 짓을 한 것 같군요.
I thought he would do as he was told, but it looks like he's done something silly.

❺ 시험장을 나오는데 표정이 밝기에 결과가 좋겠으려니 했습니다.
The expression on her face, as she walked out of the testing room, was bright, leading me to believe that the results were probably good.

연습 Practice '–으려니 하다'를 사용하여 대화를 완성하십시오.
Complete the conversation by using '–으려니 하다'.

1. 가 : 오늘따라 언니가 왜 저렇게 예민해져 있는지 모르겠어요.
   나 : ____________________

2. 가 : 식구가 여럿인데 왜 아무도 공항에 마중을 안 나간 거예요?
   나 : ____________________

3. 가 : 현장 근처만 수색하다가 범인을 놓쳤다고요?
   나 : ____________________

063 | -으려니와

용법 Usage 앞 문장의 내용을 인정하면서 뒤 문장의 내용이 그보다 더하거나 첨가됨을 나타낸다. '도 -으려니와'의 형태로 자주 쓰이며, '-거니와'와 유사한 의미로 쓰인다.
This is used to accept the event in the preceding clause, indicating that it is to be followed by a clause which continues the issue with additional information given. It is often used in a form of '-도 으려니와', '-거니와' is a similar ending.

활용 형태 Forms of Utilization

-으려니와 자음으로 끝나는 동사나 형용사의 어간 뒤에 사용한다.
It is used behind the verb or adjectival stem that ends in consonants.
예 받**으려니와**, 맑**으려니와**

-려니와 모음으로 끝나는 동사나 형용사의 어간 뒤에 사용한다.
It is used behind the verb or adjectival stem that ends in vowels.
예 지원하**려니와**, 아프**려니와**

이려니와 명사 뒤에 사용한다.
It is used behind the noun.
예 형편**이려니와**, 기회**이려니와**

-었으려니와/았으려니와/였으려니와
과거의 사실을 나타낼 때 동사나 형용사의 어간 뒤에 사용한다.
It is used behind the verb or adjectival stem to show a fact from the past.
예 허락**했으려니와**, 얕**았으려니와**

예문 Example

❶ 실력도 있으려니와 성실한 평소의 모습이 높은 평가를 받았다.
Not only was she skilled, but her diligent daily self also gave her a high evaluation.

❷ 소비자의 불만도 크려니와 회사를 위해서도 개선책이 필요하다고 봅니다.
Not only is the level of consumer complaints high, but reformative measures need to be also made for the company.

❸ 시간부족도 문제이려니와 마땅한 대안도 없습니다.
The lack of time is a problem, but there is also no appropriate option.

❹ 미리 주의도 주었으려니와 안전 장비도 챙겨 주었지만 사고가 나고 말았다.
Despite giving them caution beforehand, but also giving them safety gear, an accident ended up occurring.

ㅇ

연습 Practice 맞는 문장을 고르십시오.
Choose the right sentence.

1. 신제품은 품질도 좋으려니와 가격도 그리 비싸지 않을 것이다. (　　)
   신제품은 품질도 좋으려니와 가격도 꽤 비쌀 것이다. (　　)
2. 그 후보를 지지하려니와 선거 유세도 방해하고 있다. (　　)
   그 후보를 지지하려니와 후원도 아끼지 않겠다. (　　)
3. 사람들의 달라진 태도도 태도려니와 주변의 비난을 참기 어려웠다. (　　)
   사람들의 달라진 태도도 태도려니와 주변의 비난은 상관이 없었다. (　　)

064 | -으려야

용법 Usage

어떤 의도를 가지고 행동을 하려고 함을 의미하는데 뒤 문장에는 주로 그 의도와 반대되는 상황이 와서 도저히 그렇게 할 수 없음을 나타낸다. '-으려야 -을 수가 없다'의 형태로 쓰인다.

This is used when someone tries to perform an action, but cannot do it due to unsatisfactory circumstances. It is used in a form of '-으려야 -을 수가 없다'.

활용 형태 Forms of Utilization

-으려야 자음으로 끝나는 동사의 어간 뒤에 사용한다.
It is used behind the verb stem that ends in consonants.
예 먹**으려야**

-려야 모음으로 끝나는 동사의 어간 뒤에 사용한다.
It is used behind the verb stem that ends in vowels.
예 연락하**려야**

예문 Example

❶ 서랍이 뒤죽박죽이어서 열쇠를 찾으려야 찾을 수가 없었다.
The drawer is so messy that I just could not find the key.

❷ 집값이 치솟아서 집을 사려야 살 수가 없네요.
The price of a house is sky high that I just cannot buy a house.

❸ 일이 산더미처럼 쌓여서 쉬려야 쉴 수가 있어야지요.
The work is so overloaded that I just can not take a break.

참고 Note

실제 말하기에서는 '-을래야'가 주로 쓰인다.
'-을래야' is more widely used in spoken language.

- 마음의 문을 닫고 있으면 타인을 이해할래야 할 수 없다.
- 속속 드러나는 사실로 인해 사건의 배후를 덮을래야 덮을 수 없었다.

ㅇ

연습 Practice '-으려야'를 사용하여 문장을 완성하십시오.
Complete the sentence by using '-으려야'.

1. 과거의 아픈 기억이 너무 선명해서 ____________________

2. 거짓말을 밥 먹듯이 하는 사람이라서 ____________________

3. 발표해야 할 내용이 너무 길어서 ____________________

065 | -으련마는

용법 Usage

어떤 조건이 충족되면 이러이러한 결과가 기대되는데 아쉽게도 그 조건이 충족되지 못하여 기대하는 결과도 이루어질 수 없음을 나타낸다. '-으련만'으로 줄여 쓸 수 있다. 주로 '-으면 -으련마는'의 형태로 쓰인다.
This is used when meeting a condition should produce a certain outcome, but regrettably, the result is not as anticipated because conditions are not met. It can be contracted to '-으련만'. It is typically used in a form of '-으면 -으련마는'.

활용 형태 Forms of Utilization

-으련마는 자음으로 끝나는 동사나 형용사의 어간 뒤에 사용한다.
It is used behind the verb or adjectival stem that ends in consonants.

예 잡**으련마는**, 좋**으련마는**

-련마는 모음으로 끝나는 동사나 형용사의 어간 뒤에 사용한다.
It is used behind the verb or adjectival stem that ends in vowels.

예 만나**련마는**, 간단하**련마는**

이련마는 명사 뒤에 사용한다.
It is used behind the noun.

예 시인**이련마는**, 관계**이련마는**

-었으련마는/았으련마는/였으련마는
과거의 사실을 나타낼 때 동사나 형용사의 어간 뒤에 사용한다.
It is used behind the verb or adjectival stem to show a fact from the past.

예 채**웠으련마는**, 행복**했으련마는**

예문 Example

❶ 눈이 피곤하지 않으면 더 읽으련마는 더 이상 책을 볼 수 없었다.
If my eyes weren't tired I would have read more, but unfortunately I couldn't read the book anymore.

❷ 바람만 없으면 날씨가 제법 포근하련만 바람이 많이 부는구나.
If only there wasn't any wind then the weather would be fairly warm, but unfortunately it's very windy.

❸ 그런 허물이 없었다면 좋은 신랑감이련만 아쉬울 따름이에요.
If he did not have that sort of flaw he would make great husband material, so it's a dear shame.

❹ 솔직히 말했으면 좋았으련마는 거짓말을 해서 일이 커졌다.
It would have been okay if I had just told the truth, but by telling a lie the situation has snowballed.

연습 Practice '-으련마는'을 사용하여 대화를 완성하십시오.
Complete the conversation by using '-으련마는'.

1. 가 : 미선 씨 결혼식에 왜 안 오셨어요?

   나 : 몰랐어요. ______________________

2. 가 : 이번 주말에 야유회가 있어요. 선약을 취소하시면 안 될까요?

   나 : ______________________

3. 가 : 요즘 자녀들과의 소통이 어렵다고 상담하는 아버지들이 종종 있다는군요.

   나 : ______________________

066 | 으로 말미암아

용법 Usage

명사에 붙어 앞 문장의 어떤 현상이나 사물을 원인이나 이유로 하여 뒤 문장의 안 좋은 결과가 생겼음을 나타낼 때 쓴다.
Added to a noun, this ending indicates that the following clause resulted from the events in the preceding clause.

활용 형태 Forms of Utilization

으로 말미암아 자음으로 끝나는 명사 뒤에 사용한다.
It is used behind the noun that ends in consonants.

예 전쟁**으로 말미암아**

로 말미암아 모음으로 끝나는 명사 뒤에 사용한다.
It is used behind the noun that ends in vowels.

예 실패**로 말미암아**

예문 Example

❶ 직원의 작은 실수로 말미암아 회사는 큰 손해를 입었다.
Due to the small mistake made by the employee, the company suffered a great loss.

❷ 가정교육의 소홀로 말미암아 청소년들의 탈선이 늘고 있어요.
Due to the lack of attention paid to domestic upbringing, the number of adolescents going astray has increased.

❸ 지구 온난화로 말미암아 기상이변이 속출하고 있습니다.
Due to global warming changes in climate is occurring one after the other.

참고 Note

동사나 형용사의 경우 '-음으로 말미암아'의 형태로 쓰인다.
In the case of verbs and adjectives, '-음으로 말미암아' form is used.

- 근무 여건이 열악함으로 말미암아 지방근무를 기피하는 경향이 있다.
- 법안이 통과되지 않음으로 말미암아 예정되었던 국책 사업을 시행할 수 없게 되었다.

연습 Practice

'으로 말미암아'를 사용하여 문장을 만드십시오.
Make a sentence by using '으로 말미암아'.

1. 정치 불안 / 외국인 투자가 감소하고 있다.

➡ ______

2. 짙은 안개 / 고속도로가 마비상태에 빠졌다고 합니다.

➡ ______

3. 예산 부족 / 내년도 복지 혜택이 줄어들 거라는 전망입니다.

➡ ______

067 | 으로 미루어

용법 Usage

이미 알고 있는 사실로 다른 것을 헤아려 볼 수 있음을 나타낸다. '으로 미루어 보면', '으로 미루어 볼 때'와 같은 형태로 주로 쓰인다.

This is used when someone imagines an event by means of the information given in a clause. It is typically used in a form of '으로 미루어 보면' or '으로 미루어 볼 때'.

활용 형태 Forms of Utilization

으로 미루어 자음으로 끝나는 명사 뒤에 사용한다.
It is used behind the noun that ends in consonants.

예 상황**으로 미루어**

로 미루어 모음으로 끝나는 명사 뒤에 사용한다.
It is used behind the noun that ends in vowels.

예 사실**로 미루어**

예문 Example

1. 여러 가지 일로 미루어 사장님의 신변에 문제가 생겼음에 틀림없다.
   Taking in light of many things, there is no doubt that something has happened to the boss.
2. 지금까지의 성적으로 미루어 볼 때 희망 학과 지원에는 문제가 없겠습니다.
   Taking in light of your grades until now, there should be no problem applying the academic department of that you wish to go to.
3. 검사 결과로 미루어 보면 완치 가능성이 매우 높다.
   Judging by your test results, there is a high probability for full recovery.

연습 Practice '으로 미루어'를 사용하여 문장을 만드십시오.
Make a sentence by using '으로 미루어'.

1. 지금까지의 상황 / 좋은 결과를 기대하기는 어렵겠습니다.

➡ ______________________________

2. 평소의 성격 / 그런 거짓말을 할 리가 없다.

➡ ______________________________

3. 그동안의 주가 변동 상황 / 당분간 하락세가 이어질 것 같다.

➡ ______________________________

068 | 으로 하여금

용법 Usage 사람을 나타내는 명사에 붙어 '에게 시키어', '에게 하게 하여'의 뜻을 나타낸다.
Added to a noun indicating a person, this ending means to make the person do something.

활용 형태 Forms of Utilization

으로 하여금 자음으로 끝나는 명사 뒤에 사용한다.
It is used behind the noun that ends in consonants.

예 관객**으로 하여금**

로 하여금 모음으로 끝나는 명사 뒤에 사용한다.
It is used behind the noun that ends in vowels.

예 유권자**로 하여금**

예문 Example

❶ 정치 상황이 복잡해짐으로써 대통령으로 하여금 결단을 내리도록 요구하고 있다.
They are requesting the president to make a decision because the political situation is getting complicated.

❷ 이 표시는 관람자로 하여금 관람순서를 알게 해 준다.
This sign lets audience to the order of the performance.

❸ 광고는 보는 이로 하여금 구매 욕구를 일으키게 하는 데 목적이 있다.
Advertisements has its goals in letting the audience to arouse purchasing need.

연습 Practice '으로 하여금'을 사용하여 같은 의미가 되도록 문장을 만드십시오.
Make a sentence that it would have the same meaning as the other one by using '으로 하여금'.

1. 소비자가 스스로 현명한 판단을 할 수 있게 충분한 정보를 제공해야 한다.

➡ ______________________________

2. 청소년들에게 꿈과 희망을 가질 수 있도록 용기를 주자.

➡ ______________________________

3. 교사들의 행정 업무를 줄여 교사들이 수업 준비에 더욱 충실할 수 있도록 해야 합니다.

➡ ______________________________

069 | -으리라고

용법 Usage 의지나 추측을 나타내는 표현으로 결심, 생각, 기대, 예상 등의 내용이 뒤에 이어진다.
This ending expresses willingness or a guess, and is followed by a clause of decision, thought, expectation, or anticipation.

활용 형태 Forms of Utilization

-으리라고 자음으로 끝나는 동사나 형용사의 어간 뒤에 사용한다.
It is used behind the verb or adjectival stem that ends in consonants.

예 잡**으리라고**, 밝**으리라고**

-리라고 모음으로 끝나는 동사나 형용사의 어간 뒤에 사용한다.
It is used behind the verb or adjectival stem that ends in vowels.

예 이루**리라고**, 강하**리라고**

이리라고 명사 뒤에 사용한다.
It is used behind the noun.

예 학생**이리라고**, 손자**이리라고**

-었으리라고/았으리라고/였으리라고
과거의 사실을 나타낼 때 동사나 형용사의 어간 뒤에 사용한다.
It is used behind the verb or adjectival stem to show a fact from the past.

예 쉬**었으리라고**, 불행**했으리라고**

예문 Example

❶ 올해는 꼭 담배를 끊으리라고 결심했는데 작심삼일이었다.
I resolved to quit smoking without fail but it was a resolution good for only three days.

❷ 제가 원하는 회사에 입사하는 건 쉽지 않으리라고 예상하고 있어요.
I am presuming that it won't be easy to get into the company that I want to go to.

❸ 한결같은 믿음을 줄 수 있는 사람이리라고 믿고 싶었습니다.
I wanted to believe that he was the kind of person that would always give trust.

❹ 어렵게 얻은 기회를 그렇게 쉽게 포기했으리라고는 생각하지 않았다.
I didn't think that he could give up that easily an opportunity that he got with a such difficulty.

참고 Note

'-으리라는'의 형태로도 쓰인다.
It can be also used as '-으리라는' form.

- 지금의 상황에서 벗어날 수 없으리라는 절망감이 나를 힘들게 했다.
- 내일이 오늘보다 더 나으리라는 희망을 가지고 살아간다.

연습 Practice '-으리라고'를 사용하여 같은 의미가 되도록 문장을 만드십시오.
Make a sentence that it would have the same meaning as the other one by using '-으리라고'.

1. 새해에는 담배를 끊겠다고 마음먹었다.

   ➡ ______________________

2. 이번 대회에서 우승 소식을 전해줄 것으로 믿고 있습니다.

   ➡ ______________________

3. 재벌가의 일원인 분이 그렇게 검소할 것이라는 생각은 전혀 못했다.

   ➡ ______________________

070 | -으리만치

용법 Usage

앞 문장이 뒤 문장의 상태를 뒷받침해 주는 내용으로 얼마나 그러한지를 나타낸다. '-을 정도로'의 뜻으로 '-으리만큼'과 같은 의미로 쓰인다.

This is used when the preceding clause supplements the event in the following clause. The former explains the extent to which the latter should happen. It is the same as '-을 정도로' or '-으리만큼'.

활용 형태 Forms of Utilization

-으리만치 자음으로 끝나는 동사나 형용사의 어간 뒤에 사용한다.
It is used behind the verb or adjectival stem that ends in consonants.
예 잊**으리만치**, 싫**으리만치**

-리만치 모음으로 끝나는 동사나 형용사의 어간 뒤에 사용한다.
It is used behind the verb or adjectival stem that ends in vowels.
예 깨지**리만치**, 지루하**리만치**

-었으리만치/았으리만치/였으리만치
과거의 사실을 나타낼 때 동사나 형용사의 어간 뒤에 사용한다.
It is used behind the verb or adjectival stem to show a fact from the past.
예 먹어 버**렸으리만치**, 이상**했으리만치**

예문 Example

❶ 밥도 못 먹으리만치 충격이 컸나 봅니다.
It seems that the shock was so great that she can't even eat.

❷ 현대의 의학 기술은 놀라우리만치 빠르게 발전하고 있습니다.
Modern medicine techniques are developing at astonishingly fast rates.

❸ 지난 시간의 아픔을 잊을 수 있었으리만치 행복한 시간이었다.
It was a time that was happy enough to forget the pain of the past.

ㅇ

연습 Practice '-으리만치'를 사용하여 두 문장을 한 문장으로 만드십시오.
Combine two sentences into one by using '-으리만치'.

1. 물도 못 삼키다 / 목이 부었다.

➡ ______________________________

2. 잠시도 앉아 있을 수가 없었다 / 많은 손님들로 정신없는 하루였어요.

➡ ______________________________

3. 네티즌의 의견들이 정책 결정에 영향을 주다 / 그 힘이 커지고 있다.

➡ ______________________________

071 | –으면 그만이다

용법 Usage 앞 문장의 내용으로 충분하다거나 그것으로 끝임을 나타낸다.
This ending indicates that the preceding clause is adequate or sufficient and nothing more is needed.

활용 형태 Forms of Utilization

–으면 그만이다 자음으로 끝나는 동사나 형용사의 어간 뒤에 사용한다.
It is used behind the verb or adjectival stem that ends in consonants.

예 굶**으면 그만이다**, 괜찮**으면 그만이다**

–면 그만이다 모음으로 끝나는 동사나 형용사의 어간 뒤에 사용한다.
It is used behind the verb or adjectival stem that ends in vowels.

예 모르**면 그만이다**, 깨끗하**면 그만이다**

이면 그만이다 명사 뒤에 사용한다.
It is used behind the noun.

예 성실한 사람**이면 그만이다**, 부자**이면 그만이다**

–었으면/았으면/였으면 그만이다
과거의 사실을 말할 때 동사나 형용사의 어간 뒤에 사용한다.
It is used behind the verb or adjectival stem to show a fact from the past.

예 알**았으면 그만이다**, 편**했으면 그만이다**

예문 Example

❶ 우리가 제시한 조건을 수용하지 않는다면 거래를 끊으면 그만이라고 생각합니다.
I think that's the end of all if we end our arrangements unless they accept our terms.

❷ 배우자감으로 다른 조건은 상관없고 똑똑하면 그만이에요.
There is no other qualification that I care about for spousal material. Being smart is all that matters.

❸ 다른 건 몰라도 건강하고 착한 아이이면 그것으로 그만입니다.
I don't know about other things but if it's a healthy and kind child, that is all that matters.

❹ 몰랐으면 그만이지만 알고도 모른 척 했다면 정말 섭섭한 일이지?
It doesn't matter if he didn't know, but if he pretended not to know while really knowing, then that would be quite regrettable, right?

ㅇ

연습 Practice '-으면 그만이다'를 사용하여 대화를 완성하십시오.
Complete the conversation by using '-으면 그만이다'.

1. 가 : 내가 정성껏 준비했지만 선배가 선물을 마음에 들어 할까 모르겠어요.

   나 : ______________________

2. 가 : 보기 좋은 게 맛도 있다는데 더 예쁘게 담을 걸 그랬나봐.

   나 : ______________________

3. 가 : 평소 마음에 두고 계시는 며느리 감은 어떤 분인가요?

   나 : ______________________

072 | –으면 몰라도

용법 Usage

어떤 사실에 대해 강한 확신을 나타낼 때 쓰는 표현으로 앞 문장에는 예외적이고 특별한 경우를 가정하는 내용이 온다.

This is used when someone is strongly confident of something. In this case, the preceding clause is usually exceptional.

활용 형태 Forms of Utilization

–으면 몰라도 자음으로 끝나는 동사나 형용사의 어간 뒤에 사용한다.
It is used behind the verb or adjectival stem that ends in consonants.
예 받**으면 몰라도**, 넓**으면 몰라도**

–면 몰라도 모음으로 끝나는 동사나 형용사의 어간 뒤에 사용한다.
It is used behind the verb or adjectival stem that ends in vowels.
예 오**면 몰라도**, 예쁘**면 몰라도**

이면 몰라도 명사 뒤에 사용한다.
It is used behind the noun.
예 휴일**이면 몰라도**, 공짜**이면 몰라도**

–었으면/았으면/였으면 몰라도
과거의 사실을 나타낼 때 동사나 형용사의 어간 뒤에 사용한다.
It is used behind the verb or adjectival stem to show a fact from the past.
예 잡**혔으면 몰라도**, 따뜻**했으면 몰라도**

예문 Example

❶ 기적이 일어나면 몰라도 환자를 살리기 힘들 것 같습니다.
Unless a miracle occurs, I think it will be difficult to save this patient.

❷ 돈이 없으면 몰라도 어려운 친구를 모른 척 할 수는 없다.
If I didn't have the money it might be a different story, but I can't pretend not to notice a friend in hardship.

❸ 어른이면 몰라도 그런 어린 아이가 혼자 간다는 건 말이 안 돼요.
It wouldn't matter if it were an adult, but a young child like that going alone is out of the question.

❹ 고장 났으면 몰라도 멀쩡한 휴대전화를 왜 또 바꾸니?
If it were damaged then maybe you could, but why are you switching a sound cell phone like that again?

연습 Practice '-으면 몰라도'를 사용하여 문장을 완성하십시오.
Complete the sentence by using '-으면 몰라도'.

1. ________________________ 지금 다니는 회사를 옮길 생각은 없어요.

2. ________________________ 월급쟁이가 그런 비싼 집을 사는 건 정말 불가능해요.

3. ________________________ 굳이 부모님을 모실 이유가 있나요?

073 | -으므로

용법 Usage

앞 문장이 뒤 문장의 근거, 원인, 이유가 됨을 나타낸다. 발표나 연설, 글에서 주로 쓰인다.
This is used when the preceding clause is a reason or basis for the following clause. It is often used during presentation, speech, or writings.

활용 형태 Forms of Utilization

-으므로
자음으로 끝나는 동사나 형용사의 어간 뒤에 사용한다.
It is used behind the verb or adjectival stem that ends in consonants.
예 찾**으므로**, 높**으므로**

-므로
모음으로 끝나는 동사나 형용사의 어간 뒤에 사용한다.
It is used behind the verb or adjectival stem that ends in vowels.
예 노력하**므로**, 흐리**므로**

이므로
명사 뒤에 사용한다.
It is used behind the noun.
예 직장인**이므로**, 휴가**이므로**

-었으므로/았으므로/였으므로
과거의 사실을 나타낼 때 동사나 형용사의 어간 뒤에 사용한다.
It is used behind the verb or adjectival stem to show a fact from the past.
예 받**았으므로**, 멀**었으므로**

-겠으므로
의지나 추측을 나타낼 때 동사나 형용사의 어간 뒤에 사용한다.
It is used behind the verb or adjectival stem to express one's will or supposition.
예 참석하**겠으므로**, 맑**겠으므로**

예문 Example

❶ 다른 학생의 모범이 되므로 이 상장을 드립니다.
I give you this award because you have been exemplary to other students.

❷ 일정이 바뀔 수 있으므로 공지사항을 꼭 확인해 보십시오.
The agenda can change so make sure you check the notices.

❸ 외아들이므로 부모님의 큰 기대와 사랑을 받고 자랐다.
Due to being an only son, he received his parents' expectation and love as he grew up.

ㅇ

❹ 이제 마칠 시간이 되었으므로 자리를 정리해 주시기 바랍니다.
Since it is now the time to finish things please clean up your area.

❺ 내일은 비가 오겠으므로 야외활동은 하지 않도록 하겠습니다.
Because it is going to rain tomorrow, we will not have outdoor activities.

연습 Practice '-으므로'를 사용하여 두 문장을 한 문장으로 만드십시오.
Combine two sentences into one by using '-으므로'.

1. 과반수이상의 찬성표를 얻었다 / 법안이 통과되었다.

➡ ______________________________

2. 오늘 오후에는 황사가 심하다 / 외출을 삼가시기 바랍니다.

➡ ______________________________

3. 대출금 상환 방법은 여러 가지이다 / 자신의 형편에 맞는 것을 잘 알아 볼 필요가 있다.

➡ ______________________________

꼭~ 알아두기

074 | 은 고사하고

용법 Usage 앞 문장의 내용은 말할 것도 없을 만큼 불가능하거나 어려우며 그것보다 정도가 약한 뒤 문장의 경우라도 쉽지 않다는 의미를 나타낸다.
This is used when the event in the preceding clause is almost unlikely to happen, if not impossible, while the event in the following clause which is better, is still not easy.

활용 형태 Forms of Utilization

은 고사하고 자음으로 끝나는 명사 뒤에 사용한다.
It is used behind the noun that ends in consonants.
예 칭찬**은 고사하고**

는 고사하고 모음으로 끝나는 명사 뒤에 사용한다.
It is used behind the noun that ends in vowels.
예 지지**는 고사하고**

예문 Example

❶ 장학금은 고사하고 낙제나 하지 말았으면 좋겠다.
Scholarship aside, I just hope that I don't fail.

❷ 보상은 고사하고 미안하다는 말 한 마디조차 하지 않더군요.
Compensation aside, he didn't even say one word that he was sorry.

❸ 기본 예의는 고사하고 너무 이기적으로 행동해서 참기가 좀 힘들었어요.
I was a bit difficult to be patient because basic manners aside, he acted so selfishly.

참고 Note

동사의 경우에는 '-는 건 고사하고'의 형태로도 쓸 수 있다.
In the case of verbs it can be used as '-는 건 고사하고' form.

- 제 힘으로 돈을 마련하는 건 고사하고 빌려 오지도 못했다.
- 의원을 만나 부탁하는 건 고사하고 얼굴을 볼 수도 없었다.

연습 Practice '은 고사하고'를 사용하여 대화를 완성하십시오.
Complete the conversation by using '은 고사하고'.

1. 가 : 형님이 당선을 축하한다는 화환이라도 보냈던가요?
   나 : ______________________________
2. 가 : 이번 프로젝트가 잘 되면 승진하시겠지요?
   나 : 하지만 실패하면 ______________________________
3. 가 : 자녀분들도 다 컸으니 이제 독립시키셔야죠?
   나 : ______________________________

075 | –은 나머지

용법 Usage 앞 문장의 상태나 행위가 지나침으로 인해 뒤 문장의 결과가 일어났음을 의미한다.
This is used when the following clause is the result of an event which has gone too far in the preceding one.

활용 형태 Forms of Utilization

–은 나머지 자음으로 끝나는 동사나 형용사의 어간 뒤에 사용한다.
It is used behind the verb or adjectival stem that ends in consonants.

예 굶**은 나머지**, 깊**은 나머지**

–ㄴ 나머지 모음으로 끝나는 동사나 형용사의 어간 뒤에 사용한다.
It is used behind the verb or adjectival stem that ends in vowels.

예 과로**한 나머지**, 기**쁜 나머지**

예문 Example

❶ 아버지는 충격을 받은 나머지 그 자리에서 쓰러지셨습니다.
My father passed out on the spot because of the shock.

❷ 갑작스러운 질문에 당황한 나머지 아무 대답도 할 수 없었어요.
Flurried by the sudden question, I couldn't say anything in reply.

❸ 너무 화가 난 나머지 소리를 지르며 울어 버렸다.
I was so mad that I screamed and cried.

연습 Practice '–은 나머지'를 사용하여 대화를 완성하십시오.
Complete the conversation by using '–은 나머지'.

1. 가 : 수상 소식을 듣고 눈물을 흘리셨다고 들었습니다.
   나 : 네, ______________________________

2. 가 : 김 과장이 며칠 밤을 새우더니 결국 병원에 입원했다면서요?
   나 : 네, ______________________________

3. 가 : 정말 잠을 자느라 아무 소리도 듣지 못했나요?
   나 : 네, ______________________________

076 | –은 채로

용법 Usage

앞 문장의 행위가 이루어진 상태 그대로 뒤 문장의 내용이 발생했음을 나타낸다. 조사 '로'는 생략할 수 있다.

This is used when the following clause happens, while the preceding event or situation continues to happen or to be maintained. The particle '로' can be dropped.

활용 형태 Forms of Utilization

–은 채로 자음으로 끝나는 동사의 어간 뒤에 사용한다.
It is used behind the verb stem that ends in consonants.
예 입**은 채로**

–ㄴ 채로 모음으로 끝나는 동사의 어간 뒤에 사용한다.
It is used behind the verb stem that ends in vowels.
예 화장**한 채로**

예문 Example

❶ 아이가 너무 피곤한지 의자에 앉은 채로 잠이 들었어요.
The child might have been so tired to have fallen asleep while sitting in a chair.

❷ 무슨 잘못이나 한 듯 고개를 숙인 채 아무 말도 하지 않아요.
He had his head down as if he had done something wrong and didn't say anything.

❸ 그 남자는 결국 숨진 채 발견되었다.
That man was ultimately found in a dead state.

연습 Practice '–은 채로'를 사용하여 대화를 완성하십시오.
Complete the conversation by using '–은 채로'.

1. 가 : 밤에도 너무 더운데 선풍기를 켜 놓고 자면 안 되나요?

   나 : 안 돼요. ______________________________

2. 가 : 사건 현장에서 발견된 피해자의 상태는 어땠습니까?

   나 : ______________________________

3. 가 : 옆집 아이가 가출을 했다는 게 사실이야? 아무 연락도 없었대?

   나 : ______________________________

077 | -은들

용법 Usage

어떤 상황을 가정하여 인정한다고 해도 그 결과가 예상이나 기대와 다름을 나타낸다. 주로 '-은들 -겠어요?'의 형태로 쓴다.

This is used when, accepting a situation in the preceding clause, results or consequences of events are not as expected. It is typically used in a form of '-은들 -겠어요?'.

활용 형태 Forms of Utilization

-은들 자음으로 끝나는 동사나 형용사의 어간 뒤에 사용한다.
It is used behind the verb or adjectival stem that ends in consonants.
예 잡**은들**, 좋**은들**

-ㄴ들 모음으로 끝나는 동사나 형용사의 어간 뒤에 사용한다.
It is used behind the verb or adjectival stem that ends in vowels.
예 때**린들**, 비**싼들**

인들 명사 뒤에 사용한다.
It is used behind the noun.
예 대통령**인들**, 누구**인들**

예문 Example

❶ 사람 마음이 아무리 넓은들 그런 일을 이해할 수는 없을 거예요.
Even if a person's heart is very big, there is no way that he can understand such a thing.

❷ 지금 그 사람이 온들 무슨 소용이 있겠어요?
What use would it be even if he came right now?

❸ 세상에 어느 부모인들 자식을 위하는 마음이 없겠습니까?
What parent in the world wouldn't have a heart that cares for their children?

연습 Practice '-은들'을 사용하여 같은 의미가 되도록 문장을 만드십시오.
Make a sentence that it would have the same meaning as the other one by using '-은들'.

1. 아무리 재산이 많아도 돈으로 행복을 살 수는 없어요.

   ➡ ______________________________

2. 진심으로 사과한다고 해도 그 사람 마음을 돌리기는 어려울 거예요.

   ➡ ______________________________

3. 부모라고 해도 자식을 자기 뜻대로 할 수 없습니다.

   ➡ ______________________________

078 | –을 대로

용법 Usage

같은 동사와 형용사를 반복하여 어떤 상태가 매우 심함을 나타낸다. 주로 '–을 대로 –어서'의 형태로 쓰이며 부정적인 내용에 사용된다.
A verb or adjective is put before and after '–을 대로' to indicate that an action or a state deepens. In a form of '–을 대로 –어서', it is used in negative sentences.

활용 형태 Forms of Utilization

–을 대로 자음으로 끝나는 동사나 형용사의 어간 뒤에 사용한다.
It is used behind the verb or adjectival stem that ends in consonants.
예 닳**을 대로**, 낡**을 대로**

–ㄹ 대로 모음으로 끝나는 동사나 형용사의 어간 뒤에 사용한다.
It is used behind the verb or adjectival stem that ends in vowels.
예 **될 대로**, 미**칠 대로**

예문 Example

❶ 이번 사건을 통해 썩을 대로 썩은 교육계 비리가 그대로 드러났다.
Through this case, the corruption of the educational circle that has rotted to the farthest extent, was exactly revealed.

❷ 오랜 도피 생활로 그의 몸은 약해질 대로 약해져 버렸다.
Through the long time of life on the run, his body had become as weak as it could.

❸ 평소에 안 하던 화장까지 하는 걸 보니 신이 날 대로 났네.
Seeing that she is putting on makeup, which she doesn't do ordinarily, I think she is as excited as one can possibly be.

연습 Practice

'-을 대로'를 사용하여 같은 의미가 되도록 문장을 만드십시오.
Make a sentence that it would have the same meaning as the other one by using '-을 대로'

1. 그는 도시 생활에 너무 지쳐서 시골로 내려가기로 결심했다.

➡ ______________________________

2. 계속되는 실패로 연구에 대한 애정이 완전히 식어 버렸습니다.

➡ ______________________________

3. 잦은 부부싸움으로 인해 둘의 관계는 돌이킬 수 없을 만큼 악화되었다.

➡ ______________________________

079 | -을 따름이다

용법 Usage

어떤 행위나 상태가 의미하는 것이 전부이며, 그 외에 다른 가능성이나 상황은 없음을 나타낸다. '-을 뿐이다'와 유사한 의미로 쓰인다.
This is used when the event or situation in the sentence is everything and there is no other possibility or situation. '-을 뿐이다' is a similar ending.

활용 형태 Forms of Utilization

-을 따름이다 자음으로 끝나는 동사나 형용사의 어간 뒤에 사용한다.
It is used behind the verb or adjectival stem that ends in consonants.
예 믿**을 따름이다**, 귀찮**을 따름이다**

-ㄹ 따름이다 모음으로 끝나는 동사나 형용사의 어간 뒤에 사용한다.
It is used behind the verb or adjectival stem that ends in vowels.
예 따를 **따름이다**, 기쁠 **따름이다**

일 따름이다 명사 뒤에 사용한다.
It is used behind the noun.
예 계획**일 따름이다**, 부모**일 따름이다**

-었을/았을/였을 따름이다
과거의 사실을 나타낼 때 동사나 형용사의 어간 뒤에 사용한다.
It is used behind the verb or adjectival stem to show a fact from the past.
예 마**셨을 따름이다**, 답답**했을 따름이다**

예문 Example

❶ 정신 수행을 위해 마음을 비우고 책만 붙들고 있을 따름이다.
For my mental training I am simply emptying my heart and grasping only on to books.

❷ 자신의 뜻을 펼쳐 보지도 못한 것이 그저 안타까울 따름입니다.
It is simply regrettable that he was not even able to unfold out his wishes.

❸ 아무리 위대한 성인이라도 죽음 앞에서는 한 인간일 따름이다.
Even the greatest of all saints are simply humans in front of death.

❹ 뭘요, 그냥 저는 제가 해야 할 일을 했을 따름인데요.
It's nothing, I just did my job.

연습 Practice '-을 따름이다'를 사용하여 대화를 완성하십시오.
Complete the conversation by using '-을 따름이다'.

1. 가 : 지진 피해 현장에서 열흘 만에 구출된 아기 뉴스 들으셨어요?

   나 : 네, ____________________

2. 가 : 아니, 허락도 없이 일을 진행시키면 어떡합니까?

   나 : 저희는 그런 줄 몰랐습니다. ____________________

3. 가 : 수해 피해 복구에 고생이 많으시지요? 저희들도 도움이 되고 싶습니다.

   나 : 정말이세요? ____________________

080 | –을 리가 없다

용법 Usage

사실이 아니거나 그럴 가능성이 전혀 없음을 나타낸다. 조사 '가'는 생략할 수 있다.
This ending indicates that the event or situation is not true or it is unlikely to happen in any case. The particle '가' can be dropped.

활용 형태 Forms of Utilization

–을 리가 없다 자음으로 끝나는 동사나 형용사의 어간 뒤에 사용한다.
It is used behind the verb or adjectival stem that ends in consonants.

예 먹**을 리가 없다**, 싫**을 리가 없다**

–ㄹ 리가 없다 모음으로 끝나는 동사나 형용사의 어간 뒤에 사용한다.
It is used behind the verb or adjectival stem that ends in vowels.

예 **갈 리가 없다**, 나**쁠 리가 없다**

일 리가 없다 명사 뒤에 사용한다. It is used behind the noun.

예 주인**일 리가 없다**, 남자**일 리가 없다**

–었을/았을/였을 리가 없다
과거의 사실을 나타낼 때 동사나 형용사의 어간 뒤에 사용한다.
It is used behind the verb or adjectival stem to show a fact from the past.

예 찾**았을 리가 없다**, 흔**했을 리가 없다**

예문 Example

❶ 그렇게 좋았던 사이인데 갑자기 연락을 끊을 리가 없어요.
They were on such good terms that there is no way that they just stopped making contact.

❷ 그럴 리가 없어요. 분명히 문이 잠겨 있었거든요.
That's not possible. You see the door was undoubtedly locked.

❸ 저렇게 착하고 순진한 사람이 범인일 리가 없어요.
There is no way that such a kind and pure person is the culprit.

❹ 얼마 전까지도 멀쩡했던 사람이 갑자기 죽었을 리가 없습니다.
There is no way that a man, who was perfectly fine until just recently, is suddenly dead.

참고 Note

'있다'를 사용하여 반어적인 의문문 형태로 같은 의미를 나타낼 수 있다.
It can express the same meaning by using '있다' as an ironical question form.

- 그렇게 놀기만 했으니 시험에 합격할 리가 있니?
- 심한 모욕을 당했는데 괜찮을 리가 있겠어요?

연습 Practice '-을 리가 없다'를 사용하여 대화를 완성하십시오.
Complete the conversation by using '-을 리가 없다'.

1. 가 : 김 부장님이 이번 계약에서 큰 실수를 하셔서 책임을 지고 회사를 그만두신다고 하네요.

   나 : 정말이에요? ____________________. 얼마나 철저히 준비하셨는데요.

2. 가 : 죄송합니다만 명단에 성함이 없습니다.

   나 : ____________________________. 다시 한 번 확인해 보세요.

3. 가 : 진짜 오랜만이다. 나 초등학교 때 네 짝이었는데 기억해?

   나 : 그럼. 우리 반 최고 말썽꾸러기였는데 ________________________

ㅇ

081 | 을 무릅쓰고

용법 Usage 어려운 상황이나 조건을 참고 견뎌냄을 의미한다.
This is used when someone endures a difficult situation or condition.

활용 형태 Forms of Utilization

을 무릅쓰고 자음으로 끝나는 명사 뒤에 사용한다.
It is used behind the noun that ends in consonants.

예 위험**을 무릅쓰고**

를 무릅쓰고 모음으로 끝나는 명사 뒤에 사용한다.
It is used behind the noun that ends in vowels.

예 악천후**를 무릅쓰고**

예문 Example

❶ 대다수 국민들의 비난을 무릅쓰고 새 법안을 통과시켰다.
They braved the criticism of the majority of the citizens and passed the new bill.

❷ 부모님의 반대를 무릅쓰고 유학을 떠났습니다.
I braved my parents' objections and went to study abroad.

❸ 전장에선 죽음을 무릅쓰고 작전을 수행해야 할 때도 있다.
There are times when you need to brave death and carry out a military action.

연습 Practice

'을 무릅쓰고'를 사용하여 같은 의미가 되도록 문장을 만드십시오.
Make a sentence that it would have the same meaning as the other one by using '을 무릅쓰고'.

1. 장애가 있다는 어려운 조건에서도 열심히 노력하여 수석의 영광을 차지했다.

➡ ______________________________

2. 살을 에는 추위에도 불구하고 정상까지 험난한 길을 걸어갔다.

➡ ______________________________

3. 사람들에게 수모를 당할 것을 알면서도 기자회견장에 나왔대요.

➡ ______________________________

082 | -을 바에

용법 Usage

앞 문장의 일이 뒤 문장에서 말하는 일보다 못하다고 여겨 뒤 문장의 내용을 선택함을 나타낸다. 주로 '-을 바에는', '-을 바에야'의 형태로 '차라리', '아예' 등의 부사와 함께 쓰는 경우가 많다.

This is used when someone chooses to carry out the action in the following clause, based on his belief that it is better than the action in the preceding clause. It is typically used in a form of '-을 바에는' or '-을 바에야'. It is also often used with an adverb '차라리' or '아예'.

활용 형태 Forms of Utilization

-을 바에 자음으로 끝나는 동사의 어간 뒤에 사용한다.
It is used behind the verb stem that ends in consonants.

예 받**을 바에**

-ㄹ 바에 모음으로 끝나는 동사의 어간 뒤에 사용한다.
It is used behind the verb stem that ends in vowels.

예 기다**릴 바에**

예문 Example

❶ 도와주지 못할 바에 아예 참견을 하지 마세요.
If you can't help, then don't even interfere.

❷ 국내로 여행을 갈 바에야 차라리 그냥 집에 있을래요.
I'd rather stay at home than go on a trip within the country.

❸ 자존심을 버리고 도움을 받을 바에는 차라리 굶어 죽는 게 낫다.
It's better to starve to death than throw away your pride and receive help.

연습 Practice

'–을 바에'를 사용하여 문장을 완성하십시오.
Complete the sentence by using '–을 바에'.

1. ________________________________ 혼자 살 거예요.

2. ________________________________ 아예 시작도 하지 마세요.

3. ________________________________ 더워도 집에서 휴가를 보내는 게 낫겠다.

꼭~ 알아두기

ㅇ

083 | –을 법하다

용법 Usage

어떤 상황이나 사실에 대해 말하는 사람이 그럴 만하다고 판단함을 나타낸다. '–을 법도 하다'의 형태로 조사 '도'와 함께 써서 강조하기도 한다.

This is used when, describing an event or situation, the speaker thinks that it is natural. It can be used in a form of '–을 법도 하다', where the particle '도' is added to stress the meaning.

활용 형태 Forms of Utilization

–을 법하다

자음으로 끝나는 동사나 '있다'의 어간 뒤에 사용한다.

It is used behind the verb stem that ends in consonants or '있다'.

예 웃**을 법하다**, 있**을 법하다**

–ㄹ 법하다

모음으로 끝나는 동사의 어간 뒤에 사용한다.

It is used behind the verb stem that ends in vowels.

예 따라**갈 법하다**

–었을/았을/였을 법하다

과거의 완료된 사실을 나타낼 때 동사의 어간 뒤에 사용한다.

It is used behind the verb or adjectival stem to show a completed fact from the past.

예 다 외**웠을 법하다**

예문 Example

❶ 실적이 좋아서 보너스가 나올 법한데 소식이 없다.
Because our performance was good, it's reasonable to expect a bonus, but there is no news of one.

❷ 그렇게 거짓말을 잘하니 사람들이 속을 법도 하지요.
Because he likes lies that so well, it's only natural that people are fooled.

❸ 그 많은 청중들 앞에서 떨렸을 법한데 의외로 침착했어요.
He had good reason to be nervous in front of the large audience but he was surprisingly calm.

연습 Practice '–을 법하다'를 사용하여 대화를 완성하십시오.
Complete the conversation by using '–을 법하다'.

1. 가 : 세일을 70%나 했는데 여전히 손님이 뜸하네요.

   나 : ______________________ 경기가 나쁘긴 나쁜가 봐요.

2. 가 : 올림픽을 앞두고 국가대표 선수들은 더운 날씨에도 훈련에 여념이 없대요.

   나 : ______________________ 의지가 대단하네요.

3. 가 : 최종 합격자 명단에 미선 씨 이름이 없었다면서요?

   나 : 그러게요. ______________________

꼭~ 알아두기

084 | -을 여지가 없다

용법 Usage

무슨 일을 할 때 더 이상 희망이나 가능성이 없음을 나타낸다. 또한 '-을 여지가 있다'의 형태로 가능성이나 희망이 있음을 나타낸다.
This ending expresses hopelessness or impossibility. To the contrary, '-을 여지가 있다' indicates hope or possibility.

활용 형태 Forms of Utilization

-을 여지가 없다 자음으로 끝나는 동사의 어간 뒤에 사용한다.
It is used behind the verb stem that ends in consonants.

예 들**을 여지가 없다**

-ㄹ 여지가 없다 모음으로 끝나는 동사의 어간 뒤에 사용한다.
It is used behind the verb stem that ends in vowels.

예 더 생각**할 여지가 없다**

예문 Example

❶ 그런 행동은 의심받을 여지가 있지 않을까?
Don't you think an action like that has the possibility to receive suspicion?

❷ 이 의견은 전혀 고려할 여지가 없는 것으로 판단된다.
I judge that there is absolutely no reason to consider this opinion.

❸ 그 지역은 더 이상 개발할 여지가 남아 있지 않습니다.
There is no possibility the region can be developed anymore.

참고 Note

명사에 붙어 '의 여지가 있다/없다'의 형태로도 쓴다.
It can be attached to nouns and used as '의 여지가 있다/없다' form.

- 어처구니없는 실수였기에 변명의 여지가 없어 보였다.
- 이 문제에 관해서는 더 이상 논의의 여지가 있을 수 없다.

연습 Practice '-을 여지가 없다'를 사용하여 대화를 완성하십시오.
Complete the conversation by using '-을 여지가 없다'.

1. 가 : 다시 한 번 이 제안서를 검토해 주시면 안 될까요?

   나 : ______________________________

2. 가 : 이 방법밖에 다른 방법이 없었습니까?

   나 : ______________________________

3. 가 : 자신의 잘못을 깨닫도록 한번만 더 기회를 주시지요.

   나 : 글쎄요. ______________________________

085 | -을 지경이다

용법 Usage 어떤 상황이 지나쳐 그럴 형편이나 그럴 정도임을 나타낸다.
This is used when a situation goes further than expected, defining the extent or degree.

활용 형태 Forms of Utilization

-을 지경이다 자음으로 끝나는 동사나 형용사의 어간 뒤에 사용한다.
It is used behind the verb or adjectival stem that ends in consonants.

예 죽**을 지경이다**, 귀찮**을 지경이다**

-ㄹ 지경이다 모음으로 끝나는 동사나 형용사의 어간 뒤에 사용한다.
It is used behind the verb or adjectival stem that ends in vowels.

예 부러**질 지경이다**, 시**릴 지경이다**

예문 Example

❶ 너무 다리가 아파서 서 있기조차 힘이 들 지경이었어.
My leg hurt so much that it was hard for me to even stay standing.

❷ 앞뒤가 꽉 막힌 사람이라 말이 안 통해서 미칠 지경이에요.
I am about to go mad because he is a completely closed minded person who you can't rason with.

❸ 극심한 가뭄으로 이곳 주민들도 먹고 살기 어려울 지경입니다.
Because of the drastic famine, the residents of this place are in a difficult state of livelihood.

연습 Practice '-을 지경이다'를 사용하여 같은 의미가 되도록 문장을 만드십시오.
Make a sentence that it would have the same meaning as the other one by using '-을 지경이다'.

1. 인원이 부족해 지금 수고하시는 분들이 몸살이 날 형편입니다.

   ➡ ____________________

2. 예상보다 돈이 많이 들어 어떻게 마련할까 고민하다 보니 머리가 빠질 정도네요.

   ➡ ____________________

3. 몇 시간째 계속되는 행군에 다리도 아프고 목도 말라서 쓰러질 것 같다.

   ➡ ____________________

꼭~ 알아두기

086 | -을 턱이 없다

용법 Usage

그렇게 되어야 할 까닭이 없음을 나타낸다. '있다'를 쓰는 경우에는 '-을 턱이 있어요?'와 같은 의문문 형태로 쓰여 반어적인 의미를 표현한다.
This is used when there is no reason for the event in the clause. '-을 턱이 있어요?' makes the sentence a rhetorical question.

활용 형태 Forms of Utilization

-을 턱이 없다 자음으로 끝나는 동사나 형용사의 어간 뒤에 사용한다.
It is used behind the verb or adjectival stem that ends in consonants.

예 웃**을 턱이 없다**, 좋**을 턱이 없다**

-ㄹ 턱이 없다 모음으로 끝나는 동사나 형용사의 어간 뒤에 사용한다.
It is used behind the verb or adjectival stem that ends in vowels.

예 이**길 턱이 없다**, 기**쁠 턱이 없다**

-었을/았을/였을 턱이 없다
과거의 완료된 사실을 나타낼 때 동사나 형용사의 어간 뒤에 사용한다.
It is used behind the verb or adjectival stem to show a completed fact from the past.

예 다 **했을 턱이 없다**, 예**뻤을 턱이 없다**

예문 Example

❶ 그동안 준 혜택을 생각하면 우리와 거래를 끊을 턱이 없지요.
There is no way that they will sever their business with us if they think of all the benefits we have given them till now.

❷ 그렇게 무리를 했으니 안 아플 턱이 있겠어요?
Do you think that there is any chance that you won't be sick after you overstrained yourself like that?

❸ 그 짧은 시간에 작품을 완성했을 턱이 없습니다.
There is no way that the piece could have been finished within such a short time.

연습 Practice '-을 턱이 없다'를 사용하여 문장을 완성하십시오.
Complete the sentency by using '-을 턱이 없다'.

1. 그렇게 공부를 안 했으니 ______________________________

2. 아무도 말해 주지 않았으니 ______________________________

3. 평소에도 준비성이 없었으니 ______________________________

087 | -을까마는

용법 Usage

추측한 앞 문장의 내용을 인정하면서 뒤 문장에는 그것과 상반되거나 강조되는 내용이 온다. '-겠냐마는'과 유사한 의미로 쓰인다.
This is used when, admitting that a guess or conjecture in the preceding clause can be true, the following clause either contradicts or emphasizes it. '-겠냐마는' is a similar ending.

활용 형태 Forms of Utilization

-을까마는
자음으로 끝나는 동사나 형용사의 어간 뒤에 사용한다.
It is used behind the verb or adjectival stem that ends in consonants.
예 웃**을까마는**, 좋**을까마는**

-ㄹ까마는
모음으로 끝나는 동사나 형용사의 어간 뒤에 사용한다.
It is used behind the verb or adjectival stem that ends in vowels.
예 따라**갈까마는**, 슬**플까마는**

일까마는
명사 뒤에 사용한다
It is used behind the noun.
예 학생**일까마는**, 대표**일까마는**

-었을까마는/았을까마는/였을까마는
과거의 사실을 나타낼 때 동사나 형용사의 어간 뒤에 사용한다.
It is used behind the verb or adjectival stem to show a fact from the past.
예 외**웠을까마는**, 소홀**했을까마는**

예문 Example

❶ 겨울에 여름 옷을 찾는 손님이 있을까마는 혹시나 해서 구비해 놓았다.
By no means would someone look for summer gear in the winter, but I put them in the selection just in case.

❷ 유학생활이 외롭지 않을까마는 제 동생이 유학 생활을 잘 견뎌내고 있는 듯합니다.
Living as a study abroad student must be indeed lonely, but it seems as though she is bracing it well.

❸ 설마 아이의 말이 거짓일까마는 확인을 하지 않을 수도 없었다.
Surely the child's words aren't lies, but I couldn't not check either.

❹ 선량한 눈빛을 한 사람이 그런 짓을 했을까마는 알 수 없는 게 사람 아닌가?
By no means would someone with such honest eyes do such a thing, but you can never know with humans right?

연습 Practice

'-을까마는'을 사용하여 두 문장을 한 문장으로 만드십시오.
Combine two sentences into one by using '-을까마는'.

1. 누군들 제 자식이 예쁘지 않다 / 지나치면 해가 되는 법이다.

➡ ______________________

2. 본 사람이 아무도 없다 / 목격자는 아직 나타나지 않고 있습니다.

➡ ______________________

3. 사장님이 지시한 일을 여태 하지 않았다 / 확인해 보는 게 좋겠지요.

➡ ______________________

ㅇ

088 | –을라치면

용법 Usage

과거에 경험한 사실을 조건으로 삼을 때 으레 뒤의 상황이 일어남을 나타낸다. 명사와 함께 '이라도 –을라치면'의 형태로 많이 쓰인다.

This is used when the following clause always happens on the condition of a past experience. With a noun, it is often used in a form of '이라도 –을라치면'.

활용 형태 Forms of Utilization

–을라치면 자음으로 끝나는 동사의 어간 뒤에 사용한다.
It is used behind the verb stem that ends in consonants.

예 찍**을라치면**

–ㄹ라치면 모음으로 끝나는 동사의 어간 뒤에 사용한다.
It is used behind the verb stem that ends in vowels.

예 만**날라치면**

예문 Example

❶ 조용히 책이라도 읽을라치면 모기가 윙윙거려 신경을 거스릅니다.
Everytime I tried to quitely read a book, the buzzing of the mosquito got on my nerves.

❷ 피곤해서 잠시 낮잠이라도 잘라치면 아기가 깨서 운다.
When I try to take a short nap because I am tired, the baby wakes and cries.

❸ 모처럼 휴일에 등산이라도 갈라치면 꼭 비가 오더라고요.
When I rummage up to go hiking on my day off, it always rains.

연습 Practice '-을라치면'을 사용하여 같은 의미가 되도록 문장을 만드십시오.
Make a sentence that it would have the same meaning as the other one by using '-을라치면'.

1. 엄마 몰래 친구들을 만나려고 하면 늘 길에서 엄마를 만나요.

   ➡ ______________________________

2. 모처럼 일찍 퇴근하려고 하면 꼭 술 약속이 생겨 아내에게 미안하다.

   ➡ ______________________________

3. 저도 한 마디 하려고 하면 그때마다 다른 친구가 먼저 말해 버려서 속상해요.

   ➡ ______________________________

089 | –을락 말락 하다

용법 Usage 어떤 일이 거의 다 일어나려다 말거나 그런 정도에 가까움을 나타낸다.
This is used when something nearly happens or has almost reached an extent or degree that will cause it to happen.

활용 형태 Forms of Utilization

–을락 말락 하다 자음으로 끝나는 동사의 어간 뒤에 사용한다.
It is used behind the verb stem that ends in consonants.

예 죽**을락 말락 하다**

–ㄹ락 말락 하다 모음으로 끝나는 동사의 어간 뒤에 사용한다.
It is used behind the verb stem that ends in vowels.

예 보**일락 말락 하다**

예문 Example

❶ 아기의 손이 닿을락 말락 하는 곳에 유리잔이 놓여 있더구나.
I saw that there was a glass cup placed where the baby could almost reach.

❷ 무슨 말을 할락 말락 하다가 그냥 가 버렸습니다.
He looked like he was going to say something then he just left.

❸ 기억이 날락 말락 할 만큼 세월이 많이 흘렀네요.
Enough time has passed that the memories flicker in front of me.

연습 Practice '–을락 말락 하다'를 사용하여 두 문장을 한 문장으로 만드십시오.
Combine two sentences into one by using '–을락 말락 하다'.

1. 서먹서먹했던 아이들이 겨우 친해지다 / 일정이 끝나 버려서 아쉬워요.

   ➡ ______________________________

2. 두 사람은 무슨 비밀 얘기를 하는지 들리다 / 작은 소리로 속삭였습니다.

   ➡ ______________________________

3. 주변이 소란스러워지니 아기가 잠이 깨다 / 자꾸 뒤척이고 있네요.

   ➡ ______________________________

090 | –을망정

용법 Usage

앞 문장의 부정적인 내용과 대조되는 사실을 강조함을 나타낸다. '비록 그러하다고 하여도 그러나'의 뜻이다. '–을지언정'과 유사한 의미로 쓰인다.

This is used to stress an event or situation which can be compared to the preceding negative clause. It is the same as '비록 그러하다고 하여도 그러나'. '–을지언정' is a similar ending.

활용 형태 Forms of Utilization

–을망정
자음으로 끝나는 동사나 형용사의 어간 뒤에 사용한다.
It is used behind the verb or adjectival stem that ends in consonants.
예 잡**을망정**, 좁**을망정**

–ㄹ망정
모음으로 끝나는 동사나 형용사의 어간 뒤에 사용한다.
It is used behind the verb or adjectival stem that ends in vowels.
예 모**를망정**, 아**플망정**

일망정
명사 뒤에 사용한다.
It is used behind the noun.
예 지나간 일**일망정**, 철없는 아이**일망정**

–었을망정/았을망정/였을망정
과거의 사실을 나타낼 때 동사나 형용사의 어간 뒤에 사용한다.
It is used behind the verb or adjectival stem to show a fact from the past.
예 버**렸을망정**, 달**랐을망정**

예문 Example

❶ 얼어 죽을망정 다시는 집으로 돌아가지 않을 겁니다.
I'd rather freeze to death than go back home.

❷ 몸은 비록 떠날망정 마음만은 항상 그대 곁에 있겠습니다.
Even if I leave you, my heart will always be by your side.

❸ 작은 학교일망정 역사와 전통이 깊은 학교예요.
Though it is a small school, it is a school with deep history and tradition.

❹ 비록 잘못을 했을망정 친구를 위한 선의에서 비롯된 일이니 용서를 해 줍시다.
Though he did do something wrong, it was something that started with good intention for his friend, so let's forgive him.

연습 Practice

'-을망정'을 사용하여 같은 의미가 되도록 문장을 만드십시오.
Make a sentence that it would have the same meaning as the other one by using '-을망정'.

1. 나이가 어릴지라도 그 아이 나름대로 생각한 것이 있을 테니 들어봐야지.

➡ ______________________________

2. 시험에 떨어졌다고 해도 그리 낙심할 상황은 아니다.

➡ ______________________________

3. 불우한 어린 시절이었다고 해도 잠깐씩 웃으며 떠올릴 순간이 없는 건 아니다.

➡ ______________________________

091 | -을뿐더러

용법 Usage

어떤 사실, 상황에 더하여 다른 사실, 상황이 있음을 나타낸다. 보통 뒤의 상황이 더 심각하거나 정도가 더한 경우가 많다. '-을 뿐만 아니라'와 유사한 의미로 쓰인다.
This ending implies that another event or situation is to follow. The event or situation in the following clause is usually more serious or near to a greater extent or degree. '-을 뿐만 아니라' is a similar ending.

활용 형태 Forms of Utilization

-을뿐더러 자음으로 끝나는 동사나 형용사의 어간 뒤에 사용한다.
It is used behind the verb or adjectival stem that ends in consonants.
예 믿**을뿐더러**, 같**을뿐더러**

-ㄹ뿐더러 모음으로 끝나는 동사나 형용사의 어간 뒤에 사용한다.
It is used behind the verb or adjectival stem that ends in vowels.
예 요구**할뿐더러**, 다**를뿐더러**

일뿐더러 명사 뒤에 사용한다.
It is used behind the noun.
예 공간**일뿐더러**, 시인**일뿐더러**

-었을뿐더러/았을뿐더러/였을뿐더러
과거의 사실을 나타낼 때 동사나 형용사의 어간 뒤에 사용한다.
It is used behind the verb or adjectival stem to show a fact from the past.
예 웃**었을뿐더러**, 쌌**을뿐더러**

예문 Example

❶ 칭찬은 받는 이에게 힘이 될뿐더러 자긍심을 갖게 해 준다.
Not only does praise empower those who receive it, it also enables them with self-esteem.

❷ 이 가방은 값이 저렴할뿐더러 품질도 손색이 없다는 평이다.
This bag is appraised as not only being affordable but also having top-notch quality.

❸ 동성결혼을 찬성하는 사람들은 극소수일뿐더러 아직 우리 사회에서는 받아들이기 어려운 게 현실이다.
Not only are the people who are for same-sex marriage an extreme minority, but the reality is also that our society has yet to be accepting it.

❹ 그 시간에 사건 현장에 가지 않았을뿐더러 거기가 어딘지도 모릅니다.
Not only did I not go to the scene of incident at that time, I don't even know where that place is.

ㅇ

연습 Practice

'-을뿐더러'를 사용하여 두 문장을 한 문장으로 만드십시오.
Combine two sentences into one by using '-을뿐더러'.

1. 이번에 나온 신제품은 별로 달라진 것이 없다 / 값만 비싸졌다.

➡ ______

2. 연극은 사람들에게 재미와 감동을 준다 / 메말라가는 감성을 되살아나게 해준다.

➡ ______

3. '청소년 쉼터'는 방황하는 아이들에게 제공되는 숙소이다 / 조언자를 만날 수 있는 상담의 공간이기도 하다.

➡ ______

092 | –을세라

용법 Usage

뒤 문장의 행위에 대한 이유나 근거로서 앞 문장의 상황이 혹시 그렇게 될까 봐 걱정함을 나타낸다. '–을까 봐'와 유사한 의미이다.

This is used when the event or situation in the preceding clause is the reason or basis for the following clause. Generally, the speaker is concerned that the preceding clause will happen. '–을까 봐' is a similar ending.

활용 형태 Forms of Utilization

–을세라 자음으로 끝나는 동사의 어간 뒤에 사용한다.
It is used behind the verb stem that ends in consonants.

예 젖**을세라**

–ㄹ세라 모음으로 끝나는 동사의 어간 뒤에 사용한다.
It is used behind the verb stem that ends in vowels.

예 뒤**질세라**

–었을세라/았을세라/였을세라

과거의 완료된 사실을 나타낼 때 동사의 어간 뒤에 사용한다.
It is used behind the verb stem that ends in consonants to show a completed fact from the past.

예 끝**났을세라**

예문 Example

❶ 행여 누가 들을세라 화장실에서 혼자 운 적도 있어요.
Fearful that someone might possibly hear, I've cried alone in the bathroom before.

❷ 불면 날아갈세라 애지중지 키운 자식인데 떠나보내려니 섭섭합니다.
I cherished him while bringing him up, in fear that he may be swept away when the wind blew, so it is quite heart wrenching to send him off now.

❸ 얼굴에 물감이 묻었을세라 거울을 수시로 보고 있는데요.
Fearful that I might get paint on my face, I've been looking at the mirror whenever I can.

연습 Practice '-을세라'를 사용하여 같은 의미가 되도록 문장을 만드십시오.
Make a sentence that it would have the same meaning as the other one by using '-을세라'.

1. 혹시 선생님의 말 한마디라도 놓칠까 봐 학생들 모두 열중해서 듣는다.

   ➡ ______________________________

2. 고객들의 마음이 떠날까 봐 세심한 부분까지 신경 쓰고 있습니다.

   ➡ ______________________________

3. 행여 자기 자식이 경쟁에서 뒤쳐질까 봐 자식 뒷바라지에 신경을 쏟고 있다.

   ➡ ______________________________

093 | –을지니

용법 Usage

앞 문장이 뒤 문장의 원인이나 근거가 됨을 나타낸다. '마땅히 그러할 것이니'의 뜻으로 매우 문어적인 표현이다.
This is used when the event or situation in the preceding clause is the reason or basis for the following clause. It is a literary expression and the same as '마땅히 그러할 것이니'.

활용 형태 Forms of Utilization

–을지니
자음으로 끝나는 동사나 형용사의 어간 뒤에 사용한다.
It is used behind the verb or adjectival stem that ends in consonants.

예 솟**을지니**, 높**을지니**

–ㄹ지니
모음으로 끝나는 동사나 형용사의 어간 뒤에 사용한다.
It is used behind the verb or adjectival stem that ends in vowels.

예 따**를지니**, 귀**할지니**

일지니
명사 뒤에 사용한다.
It is used behind the noun.

예 백성**일지니**, 제자**일지니**

–었을지니/았을지니/였을지니
과거의 사실을 나타낼 때 동사나 형용사의 어간 뒤에 사용한다.
It is used behind the verb or adjectival stem to show a fact from the past.

예 나타**났을지니**, 깊**었을지니**

예문 Example

❶ 하나를 베풀면 둘이 되어 돌아올지니 주는 것이 남는 것이다.
Bestow a favor, and it will return as two, therefore giving is what is profitable.

❷ 노력하는 자에게는 반드시 좋은 결과가 있을지니 절대 포기하지 말라.
There will invariably be a good result for the one who tries, therefore do not ever give up.

❸ 진리는 하나일지니 세상의 헛된 유혹에 현혹되어서는 안 된다.
There is only one truth, therefore one should not be dazzled by futile temptations.

❹ 자식은 모두 부모로부터 왔을지니 효는 모든 일의 근본이 됨이오.
Because all children are born of their parents, filial piety is the foundation of all things.

연습 Practice '-을지니'를 사용하여 두 문장을 한 문장으로 만드십시오.
Combine two sentences into one by '-을지니'.

1. 배움의 길은 끝이 없다 / 나이는 핑계에 불과한 것이다.

➡ ______________________________

2. 유혹에 약한 것이 인간이다 / 늘 스스로를 되돌아 봐야 한다.

➡ ______________________________

3. 부모님의 믿음을 저버리지 못하다 / 반드시 약속을 지킬 것입니다.

➡ ______________________________

094 | -을지라도

용법 Usage

앞 문장의 내용을 가정하여 그렇다 하여도 뒤 문장에서는 기대와 다른 결과나 반대의 상황이 옴을 나타낸다.

This is used when a result may be different or contrary to expectations, even if the event in the preceding clause happens.

활용 형태 Forms of Utilization

-을지라도 자음으로 끝나는 동사와 형용사의 어간 뒤에 사용한다.
It is used behind the verb and adjectival stem that ends in consonants.
예 죽**을지라도**, 작**을지라도**

-ㄹ지라도 모음으로 끝나는 동사와 형용사의 어간 뒤에 사용한다.
It is used behind the verb and adjectival stem that ends in vowels.
예 떠**날지라도**, 슬**플지라도**

일지라도 명사 뒤에 사용한다.
It is used behind the noun.
예 장애인**일지라도**, 어디**일지라도**

-었을지라도/았을지라도/였을지라도
과거의 사실을 나타낼 때 동사나 형용사의 어간 뒤에 사용한다.
It is used behind the verb or adjectival stem to show a fact from the past.
예 끝**났을지라도**, 예**뻤을지라도**

예문 Example

❶ 아무리 큰 어려움이 있을지라도 포기하지 않겠어요.
No matter how big problems may be, I will not give up.

❷ 나이는 어릴지라도 실력이 어른 못지않게 뛰어난 학생입니다.
Though she is young, this is a student whose talents are superb as those of an adult.

❸ 함께 할 수 없는 운명일지라도 서로를 잊지 말고 살아갑시다.
Even though it may be a destiny that doesn't allow us to be together, let's never forget each other during our lifetime.

❹ 비록 가난한 가정에서 태어났을지라도 희망을 버리면 안 되지요.
Though you may have been born in an impoverished family, you must not give up hope.

연습 Practice '-을지라도'를 사용하여 대화를 완성하십시오.
Complete the conversation by using '-을지라도'.

1. 가 : 어차피 질 게 뻔한 경기인데 힘 빼지 말고 출전을 포기합시다.

   나 : 안 됩니다. ________________

2. 가 : 나라의 운명이 달린 중요한 기밀입니다. 절대 누설되지 않도록 주의하십시오.

   나 : 걱정 마십시오. ________________

3. 가 : 성공 가능성을 자신할 수 없는데 위험 부담을 무릅쓰고 실험적 수술을 해야겠습니까?

   나 : ________________

095 | -을지언정

용법 Usage

앞 문장의 내용을 인정하거나 극단적으로 가정하여 뒤 문장의 사실을 강조하는 예스러운 표현이다. '비록', '아무리'와 같은 부사와 잘 어울리며, '-을망정'과 유사한 의미로 쓰인다.

This is a traditional ending. It is used to accept the preceding clause, or give an extreme assumption, in order to stress that the following clause will happen in any case. It can be used together with '비록' or '아무리'. '-을망정' is a similar ending.

활용 형태 Forms of Utilization

-을지언정
자음으로 끝나는 동사나 형용사의 어간 뒤에 사용한다.
It is used behind the verb or adjectival stem that ends in consonants.
예 맞**을지언정**, 좁**을지언정**

-ㄹ지언정
모음으로 끝나는 동사나 형용사의 어간 뒤에 사용한다.
It is used behind the verb or adjectival stem that ends in vowels.
예 **살지언정**, 불편**할지언정**

일지언정
명사 뒤에 사용한다.
It is used behind the noun.
예 노인**일지언정**, 바보**일지언정**

-었을지언정/았을지언정/였을지언정
과거의 사실을 나타낼 때 동사나 형용사의 어간 뒤에 사용한다.
It is used behind the verb or adjectival stem to show a fact from the past.
예 떨어**졌을지언정**, 부족**했을지언정**

예문 Example

❶ 당장 굶어 죽을지언정 그 사람에게 손을 벌리지는 않겠다.
I'd rather starve to death than ask that person for help.

❷ 아무리 힘들고 어려울지언정 희망을 잃지 않고 살겠습니다.
No matter how tiring and difficult, I will live without losing hope.

❸ 비록 짧은 인생일지언정 아름답게 살다가 죽고 싶어요.
Be it as it may a short life, I wish to live it beautifully before I die.

❹ 경기의 승패를 바꿀 수는 없었을지언정 최선을 다했으므로 후회는 없다.
Though I may not be able to change the results of the tournament, I have no regrets since I did my best.

ㅇ

연습 Practice '-을지언정'을 사용하여 문장을 완성하십시오.
Complete the sentence by using '-을지언정'.

1. ______________________ 뇌물을 주면서까지 사업을 하고 싶지는 않다.

2. ______________________ 자식들만큼은 남부럽지 않게 가르칠 거예요.

3. ______________________ 내 마음을 고백했던 것에 대한 후회는 없다.

096 | -을진대

용법 Usage

앞 문장의 내용을 인정하되 그것이 뒤 문장의 조건이나 이유, 근거가 됨을 나타낸다. 매우 예스러운 표현이며 뒤 문장에는 주로 반어적인 의문문이 온다.

This is a traditional ending. It is used to accept the preceding clause, which becomes a condition, a reason or grounds for the following clause. It is typically followed by a rhetorical question.

활용 형태 Forms of Utilization

-을진대
자음으로 끝나는 동사와 형용사의 어간 뒤에 사용한다.
It is used behind the verb and adjectival stem that ends in consonants.
예 믿**을진대**, 같**을진대**

-ㄹ진대
모음으로 끝나는 동사와 형용사의 어간 뒤에 사용한다.
It is used behind the verb and adjectival stem that ends in vowels.
예 보**일진대**, 슬**플진대**

일진대
명사 뒤에 사용한다.
It is used behind the noun.
예 인생**일진대**, 부모**일진대**

-었을진대/았을진대/였을진대
과거의 사실을 나타낼 때 동사나 형용사의 어간 뒤에 사용한다.
It is used behind the verb or adjectival stem to show a fact from the past.
예 지나**갔을진대**, 달**랐을진대**

예문 Example

❶ 날아다니는 철새도 자기 집이 있을진대 이 한 몸 쉴 곳이 없으랴.
For even migrant birds that fly around have their own home, there must be a place for me to rest.

❷ 온 국민의 충격이 이렇게 클진대 당사자들은 말할 것도 없겠지요.
There's no saying how greatly the victims themselves are shocked, since the shock of the entire nation is alone this big.

❸ 저도 한 아이의 부모일진대 어찌 안타깝지 않겠습니까?
How can I not be upset when I too am a parent of a child?

❹ 같은 가르침을 받았을진대 이렇게 차이가 나다니 납득할 수가 없군요.
I can't accept that the two show such a gap when they have received the same teaching.

연습 Practice '-을진대'를 사용하여 두 문장을 한 문장으로 만드십시오.
Combine two sentences into one by using '-을진대'.

1. 흉악한 범죄자라도 인간이다 / 가족이 그립지 않겠습니까?

   ➡ ______________________________

2. 어린 아이라도 나름대로 생각이 있다 / 그렇게 무시하면 안 됩니다.

   ➡ ______________________________

3. 멸종 위기에 놓인 동물을 모두가 함께 지켜야 하다 / 어찌 그리 무관심하단 말인가?

   ➡ ______________________________

097 | -음으로써

용법 Usage

어떠한 행위를 도구, 방법, 수단으로 함을 나타낸다. '-음으로'의 형태로도 쓸 수 있다.
This ending indicates a tool, a method or a means by which an action in the following clause can be performed. It can be used in a from of '-음으로'.

활용 형태 Forms of Utilization

-음으로써 자음으로 끝나는 동사의 어간 뒤에 사용한다.
It is used behind the verb stem that ends in consonants.

예 쌓**음으로써**

-ㅁ으로써 모음으로 끝나는 동사의 어간 뒤에 사용한다.
It is used behind the verb stem that ends in vowels.

예 지**킴으로써**

예문 Example

❶ 그는 농민들의 지지를 얻음으로써 정치인의 꿈에 한 발짝 다가섰다.
By obtaining the support of the farmers, he was able to get one step closer to his dream of being a politician.

❷ 대기업의 지원을 받음으로써 연구가 무사히 진행될 수 있었습니다.
By receiving the support from a major enterprise, the research was able to proceed soundly.

❸ 인터넷이 발달함으로써 지구촌은 점점 더 가까워지고 있습니다.
By the developments of the internet, the global village is becoming a closer place.

연습 Practice

'-음으로써'를 사용하여 같은 의미가 되도록 문장을 만드십시오.
Make a sentence that it would have the same meaning as the other one by using '-음으로써'.

1. 다양한 시각 자료의 활용을 통해 학생들의 흥미를 유도할 수 있다.
➡ ______________________

2. 좋은 습관은 꾸준한 노력을 통해 형성되는 것입니다.
➡ ______________________

3. 의원의 과반수가 반대표를 던져 법안이 부결되고 말았습니다.
➡ ______________________

ㅇ

문법 알아보기

ㅈ

098 | -자[1]

용법 Usage

앞 문장의 상황이나 행위가 뒤 문장의 원인이나 동기가 됨을 나타낸다.
This is used when the event or situation in the preceding clause is a reason or motivation for the following clause to happen.

활용 형태 Forms of Utilization

-자 동사의 어간 뒤에 사용한다.
It is used behind the verb stem.

예 끊**자**, 생기**자**

예문 Example

❶ 서류봉투를 열자 여러 장의 사진이 쏟아져 나왔습니다.
As I opened the document envelope, several pictures spilled out.

❷ 날이 어두워지자 경찰은 실종자 수색을 중단하고 철수했다.
As the day grew dark, the police ended the search for the missing person and cleared out.

❸ 인기 가수가 탄 차량이 나타나자 갑자기 사람들이 몰려들었어요.
As the vehicle that transported a popular singer showed up, people all of a sudden crowded around.

연습 Practice

'-자'를 사용하여 두 문장을 한 문장으로 만드십시오.
Combine two sentences into one by using '-자'.

1. 개인 정보 유출 사건이 연이어 발생하다 / 정부차원의 대책이 발표되었습니다.

➡ ______________________________

2. 회사가 자금난으로 어려움을 겪다 / 사원들이 자발적으로 월급을 반납했다.

➡ ______________________________

3. 미국 중앙은행의 금리 인하 소식이 전해지다 / 투자자들이 일제히 주식을 팔기 시작했다지요?

➡ ______________________________

099 | –자^2

용법 Usage '–이다' 뒤에 붙어 두 가지의 특징을 모두 가지고 있음을 나타낸다.
Following '–이다', this ending indicates that it has both the characteristics.

활용 형태 Forms of Utilization

이자 명사 뒤에 사용한다.
It is used behind the noun.

예 회장**이자**, 역사**이자**

예문 Example

❶ 비행 청소년들을 선도하는 건 교사의 책임이자 의무입니다.
It is both the responsibility and duty of the teacher to guide juvenile delinquents back into the right path.

❷ 이번 공연이 그 배우의 첫 무대이자 마지막 무대가 되었다.
This show became the first and last performance of that actor.

❸ 김 선생님은 제 평생의 스승이자 은인이십니다.
Mr. Kim is my lifelong teacher as well as benefactor.

연습 Practice '–자'를 사용하여 같은 의미가 되도록 문장을 만드십시오.
Make a sentence that it would have the same meaning as the other one by using '–자'.

1. 꼼꼼한 성격은 그 사람의 장점이면서 동시에 단점이라고 할 수 있다.

➡ ____________________

2. 바다는 어민들의 생활터전이기도 하고 휴식처이기도 합니다.

➡ ____________________

3. 어머니는 저의 친구이면서 동시에 제 삶의 등불이셨습니다.

➡ ____________________

100 | -자니

용법 Usage

'-으려고 하니'의 뜻으로, 앞 상황의 이유로 해서 망설이거나 고민함을 나타낸다. '-자니 -고 -자니 -고'의 형태로 많이 쓰인다.

It is equivalent to the meaning of '-으려고 하니', and is used to express the speaker's hesitation or worry due to the situation stated in the previous clause. It is commonly used as '-자니 -고 -자니 -고' form.

활용 형태 Forms of Utilization

-자니	동사의 어간 뒤에 사용한다. It is used behind verb stems. 예 갚**자니**, 빌리**자니**

예문 Example

❶ 유행이 지난 옷을 버리자니 아까운 생각이 드네요.
Now that I want to throw away my outdated clothes, it seems a bit too good to throw away.

❷ 학교까지 걸어가자니 좀 멀고 버스를 타자니 좀 도는 것 같고 어떻게 할까?
It seems a bit too far to walk to school and a bit too close to take the bus so what should I do?

❸ 아이를 시어머님께 맡기자니 죄송스럽고 남의 손에 맡기자니 마음이 안 놓입니다.
I feel sorry to my mother-in-law to leave my child with her, yet I feel at unrest to leave my child in the hands of a stranger.

연습 Practice

'-자니'를 사용하여 같은 의미가 되도록 문장을 만드십시오.
Make a sentence that is identical to the sample sentence by using '-자니'.

1. 어린 아이를 학원에 혼자 보내려고 하니 영 불안합니다.

➡ ____________________

2. 장관을 해임하려고 하니 마땅한 후임자가 없고 그대로 두려고 하니 국민들의 반대여론이 심해서 어떻게 해야 할지 모르겠네요.

➡ ____________________

3. 문제가 없는 것처럼 덮으려고 하니 이미 인터넷에 소문이 퍼져 어쩔 수 없었습니다.

➡ ____________________

II

연습문제

유형별 연습문제

종합 연습문제

연습문제

유형별 연습문제

Ⅰ. 빈칸에 알맞은 문법 고르기

※ 다음 (   )에 알맞은 것을 고르십시오.

1. 과학의 발달이 인간에게 주는 혜택은 (   ) 그 부작용도 생각해야 한다.

   ❶ 누리되　　❷ 누리거늘　　❸ 누릴 바에　　❹ 누림으로써

2. 빗방울이 한 두 방울 (   ) 걸음을 재촉해 산을 내려왔다.

   ❶ 떨어지게끔　　❷ 떨어지기에　　❸ 떨어지거들랑　　❹ 떨어지려니와

3. 사전 조사 결과 김 후보가 압승을 거둘 것으로 (   ) 선거 사무실을 그야말로 축제 분위기였다.

   ❶ 나타나자　　❷ 나타나고자　　❸ 나타나기에　　❹ 나타나서야

4. 우리는 정보의 홍수 속에 살면서도 실제로 주변에 무슨 일이 일어났는지 (   ) 살아가는 경우가 많다.

   ❶ 모른 채로　　❷ 모른다 치고　　❸ 모르는 한편　　❹ 모르는 셈치고

5. 이번 기회를 통해 친환경 식재료를 사용한 학교직영 급식을 (   ).

   ❶ 실행하고자 합니다　　❷ 실행할 따름입니다
   ❸ 실행하는 셈 칩시다　　❹ 실행할 여지가 없습니다

6. 성적이 바닥을 맴돌던 아이가 상위권으로 올라온 걸 보면 역시 공부는 (   ).

   ❶ 노력하는 법입니다　　❷ 노력하기 나름입니다
   ❸ 노력하기 십상입니다　　❹ 노력하기 마련입니다

7. 한 해 열심히 농사를 (   ) 비료 값도 나오지 않는 현실에서 젊은이들의 농촌 이탈 현상을 나무랄 수만은 없네요.

   ❶ 지어 봤자　　❷ 지을지니　　❸ 지어서야　　❹ 지을지언정

8. 공연 일정이 갑자기 앞당겨지는 바람에 연습실에서 (   ).

   ❶ 살겠거니 했다　　❷ 살 턱이 없없다　　❸ 살다시피 했다　　❹ 살면 그만이었다

9. 경기 악화로 다른 기업들은 해외지사를 ( ) 해외법인을 또 설립하겠다니 이해할 수가 없습니다.

❶ 철수하는 통에 ❷ 철수하는 마당에 ❸ 철수하려던 차에 ❹ 철수하기가 무섭게

10. 열 손가락 깨물어 안 아픈 손가락이 ( ) 늘 막내에게 마음이 더 쓰이는 건 어쩔 수 없었다.

❶ 있거니와 ❷ 있는지라 ❸ 있겠냐마는 ❹ 있으련마는

11. 생중계를 통해 온 국민이 ( ) 검찰의 조사 결과가 발표되었다.

❶ 지켜보는 한편 ❷ 지켜보는 통에 ❸ 지켜보는 마당에 ❹ 지켜보는 가운데

12. 직장 동료들의 노골적인 따돌림을 ( ) 사표를 내고 말았다.

❶ 견디노라면 ❷ 견뎠건마는 ❸ 견디고자 ❹ 견디다 못해

13. 여건만 허락된다면 해외근무를 하겠냐는 제안을 ( ) 그럴 수 없어서 안타깝습니다.

❶ 받아들이련만 ❷ 받아들이는지라 ❸ 받아들이게끔 ❹ 받아들일까만

14. 칠순을 맞으신 부모님을 위해 친지들을 모시고 ( ) 잔치를 마련했다.

❶ 조촐한들 ❷ 조촐하나마
❸ 조촐하거니와 ❹ 조촐함에도 불구하고

15. 면접관의 질문이 ( ) 예상하고 있었다는 듯이 자신 있게 대답하는군요.

❶ 떨어지기가 무섭게 ❷ 떨어지기에 망정이지
❸ 떨어지는 건 고사하고 ❹ 떨어지는 건 차치하고

16. 공무원들이 사사로운 이익에만 급급하니 나라 살림이 잘 ( ).

❶ 될 턱이 없다 ❷ 되기 일쑤이다 ❸ 되면 그만이다 ❹ 될락 말락 하다

17. 풍수를 믿지는 않지만 범띠 생은 남서방향이 좋다기에 ( ) 침대 방향을 한번 바꿔 보았다.

❶ 속은 듯이 ❷ 속는 셈치고 ❸ 속는 날에는 ❹ 속았다 치고

18. 자기 일처럼 성심껏 도와주었는데 트집만 잡으니 (　　　).

❶ 화나기 일쑤지요　❷ 화날 법도 하지요
❸ 화나면 그만이지요　❹ 화나다시피 하지요

19. 지금보다 파격적으로 대우를 (　　　) 이직할 생각은 없습니다.

❶ 해 주거들랑　❷ 해 주랴마는
❸ 해 주면 몰라도　❹ 해 주는 건 차치하고

20. 우리가 누리는 복은 조상님들이 쌓은 은덕 (　　　) 늘 조상의 은혜에 감사하는 마음을 지녀야 한다.

❶ 덕분인들　❷ 덕분일지니　❸ 덕분일까마는　❹ 덕분일지언정

Ⅱ. 밑줄 친 부분과 비슷한 의미의 문법 고르기

※ 다음 밑줄 친 부분과 의미가 가장 비슷한 것을 고르십시오.

1. 현상 유지만을 고집하기보다는 폐업을 고려하시는 게 현명한 처사가 아닐까요?

❶ 고집한들　❷ 고집할지라도　❸ 고집하느니　❹ 고집할뿐더러

2. 3대 독자 외아들의 기가 죽을까 봐 애지중지 떠받들어 키우니 큰일이에요.

❶ 기가 죽겠거니　❷ 기가 죽을세라　❸ 기가 죽는답시고　❹ 기가 죽는 듯이

3. 주택 값이 하늘 높은 줄 모르고 치솟는 요즘, 맞벌이를 한다고 해도 집 장만이 쉽지 않다.

❶ 하게끔　❷ 하고서야　❸ 하는 한　❹ 할지라도

4. 전문가에게 교육받은 대로 대화 방법을 적용해 보려고 들면 그때마다 예상치 못한 상황에 부딪혔다.

❶ 적용해 볼지언정　❷ 적용해 보다가는
❸ 적용해 볼라치면　❹ 적용해 보는 가운데

5. 예산 확보가 어려울지라도 빈곤층 아동의 급식비 지원을 중단하면 안 되지요.

❶ 어려워서야 ❷ 어려웠던들 ❸ 어렵기로서니 ❹ 어려울뿐더러

6. 이번에 결렬된 노사협상의 불똥이 어디까지 튈까?

❶ 튀랴 ❷ 튀느냐 ❸ 튀려나 ❹ 튈세라

7. 신통하다는 약을 발랐는데 여드름이 없어지기는커녕 덧나서 더 보기 흉해졌다.

❶ 없어지는 가운데 ❷ 없어지겠거니 하고
❸ 없어진다손 치더라도 ❹ 없어지는 건 고사하고

8. 대출을 받아 사업을 하는 게 부담이 되기에 선뜻 결정을 내리지 못하고 있다.

❶ 되는지라 ❷ 된답시고 ❸ 될지언정 ❹ 될까마는

9. 국민연금이 파산하지야 않겠지만 이를 막기 위해 가입자들이 추가로 져야 하는 부담이 만만치 않다.

❶ 파산할지라도 ❷ 파산할까마는
❸ 파산하지 않았던들 ❹ 파산하지 않으려니와

10. 새로 발굴된 유물들은 놀라울 정도로 형태가 잘 보존되어 있었다.

❶ 놀라운 양 ❷ 놀라우나마 ❸ 놀랍다 못해 ❹ 놀라우리만치

11. 대학수학 능력시험을 눈앞에 둔 수험생들은 일분일초가 아쉽기만 합니다.

❶ 아쉬울 따름입니다 ❷ 아쉬운 듯 싶습니다
❸ 아쉬우면 그만입니다 ❹ 아쉬울 턱이 없습니다

12. 게시판을 통해 알려드렸다시피 보수 공사관계로 한 달간 주차장을 임시 폐쇄할 예정입니다.

❶ 알려드림으로써 ❷ 알려드렸거니와
❸ 알려드린 셈치고 ❹ 알려드린 바와 같이

13. 가벼운 추돌사고여서 괜찮겠거니 했는데 자고 일어나니 목이 뻐근해서 잘 움직일 수 없었다.

❶ 괜찮으랴 ❷ 괜찮으려니 ❸ 괜찮으련만 ❹ 괜찮으리라고

14. 제조업체가 하자를 인정하고 제품을 회수하지 않는 한 소비자의 불만은 끊이지 않을 것이다.

❶ 않는 판에 ❷ 않는 통에 ❸ 않는 한편 ❹ 않는 이상

15. 비록 돈이 없어 굶어 죽을망정 불의에 굴복하지 않고 떳떳하게 살고 싶다.

❶ 죽을진대 ❷ 죽을까마는 ❸ 죽을지언정 ❹ 죽으려니와

16. 1위와의 점수 차이가 너무 벌어져 따라잡으려고 해도 잡을 수가 없다.

❶ 따라잡아서야 ❷ 따라잡으려야 ❸ 따라잡는다 쳐도 ❹ 따라잡다시피 해도

17. 당장은 막연하겠지만 묵묵히 꿈을 향해 가다 보면 어느새 꿈을 이룬 자신의 모습을 보게 될 것이다.

❶ 가노라면 ❷ 갈라치면 ❸ 가리라고 ❹ 가는 듯이

18. 보안 장치를 제대로 갖추었더라면 문서 유출 사건이 발생하지 않았을 겁니다.

❶ 갖추었건만 ❷ 갖추었던들 ❸ 갖추었겠냐만 ❹ 갖추었을지라도

19. 가뭄으로 말라 죽어가는 곡식들을 보면서 하늘이 원망스럽기 짝이 없었다.

❶ 원망스럽기 그지없었다 ❷ 원망스럽기 일쑤였다
❸ 원망스러울 리가 없었다 ❹ 원망스러울 턱이 없었다

20. 아무리 부자라고 해도 돈이 아깝지 않겠냐만 흔쾌히 후원금을 내주었다.

❶ 부자이자 ❷ 부자인 양 ❸ 부자인들 ❹ 부자이거늘

Ⅲ. 글을 읽고 빈칸에 알맞은 문법 고르기

※ 다음을 읽고 (　　　)에 알맞은 것을 고르십시오.

1.

정치인이 잘못이 있다는 지적을 받았는데도 부끄러움을 (　　　) 그 잘못이 사소한 것이라고 스스로 판단하거나, 잘못이 정당화될 수 있는 것으로 생각한다면 오만한 정치인이 아닐 수 없다.

❶ 느끼다 못해　　❷ 느끼는 셈치고
❸ 느끼는 건 고사하고　　❹ 느낀다손 치더라도

2.

발병률이 높은 암 중의 하나인 위암은 위염과 비슷한 증상을 보이는 경우가 많고 단순히 소화불량 증세만 보이는 때도 있어 병을 (　　　). 정기적인 검사가 무엇보다도 중요한 것도 바로 이 때문이다.

❶ 키울 리가 없다　　❷ 키우기 일쑤이다
❸ 키우면 그만이다　　❹ 키울 여지가 없다

3.

장애인들의 고용 상황도 나쁘기만 하다. 장애인고용촉진법이 시행된 지 20년이 (　　　) 정부와 기업들은 아직도 의무고용 비율을 지키지 않는다. 게다가 최근 경기가 위축되면서 고용 상황은 더욱 악화되고 있다.

❶ 지났건만　　❷ 지났답시고　　❸ 지나고서야　　❹ 지난 마당에

4.

누가 먼저랄 것도 없이 모두 갑판으로 올라가 한 방향으로 시선을 고정했다. 여명 속에서 멀리 눈 쌓인 산봉우리들의 자태는 (　　　). “아! 한라산이다.” 1998년 11월 19일 아침, 우리의 한라산 관광은 이렇게 시작됐다.

❶ 장엄할 법했다　　❷ 장엄하겠거니 했다
❸ 장엄할 턱이 없었다　　❹ 장엄하기 그지없었다

5.

한국의 습지들은 시베리아에서부터 날아오는 철새들이 일본으로 가기 전 들르는 곳이다. 그런데 최근 곳곳에서 진행되고 있는 지역개발의 여파로 겉만 봐도 습지들은 이미 (   ).

❶ 버려질 판이었다
❷ 버려질 리 만무했다
❸ 버려지기 십상이었다
❹ 버려질 대로 버려졌다

6.

사람의 일생은 기쁨과 슬픔이 교차하며 이루어지는 것이다. 아무리 (   ) 보이는 사람도 그 가슴 속에는 슬픔의 흔적이 있게 마련이고 아무리 슬픈 사람일지라도 기쁨의 순간을 가슴 속에 지니고 있는 것이다.

❶ 행복한 듯이
❷ 행복할 대로
❸ 행복하다 못해
❹ 행복하니 만큼

7.

재주가 빼어난 사람은 교만하기 (   ) 남을 공손하게 대하는 법을 먼저 배워야 하며, 총명한 사람은 겉만 훑기가 쉬우니 매사에 깊이 생각하고 이해하도록 노력해야 한다.

❶ 쉬울세라
❷ 쉬우므로
❸ 쉬울망정
❹ 쉽겠냐마는

8.

현대인이 소외감을 느끼는 데에는 사람들이 각자의 방식으로 정신없이 하루하루 살기 급급한 이유도 (   ) 시시콜콜 개인사를 묻거나 관심을 표하지 않는 도시인의 생활 방식도 한몫하고 있다.

❶ 있건대
❷ 있거니와
❸ 있거들랑
❹ 있건마는

9.

음주상태에서 운전을 할 경우 교통사고를 유발하기 쉽다는 것은 상식인데 이를 알면서도 제지하지 않고 동승한 행위는 사회적 (   ) 본인 및 타인의 안전을 고려하여야 할 의무를 소홀히 한 것으로 볼 수 있다.

❶ 통념이자
❷ 통념이려니와
❸ 통념에 비추어
❹ 통념은 고사하고

10.

하루가 멀다 하고 다양한 기능을 갖춘 신형 휴대전화가 쏟아져 (   ) 소비자들의 반응은 시큰둥하기만 하다. 가격만 비싸질 뿐, 쓰지도 않는 기능이 추가되어 오히려 불편만 가중시키고 있기 때문이다.

① 나오고 있다 치고
② 나오고 있느니만큼
③ 나오고 있겠냐마는
④ 나오고 있는 가운데

11.

최근 국가 간의 자유 무역 협정 체결이 활발해지고 있다. 하지만 다른 나라와 경쟁할 수 있는 능력이 충분히 갖추어지지 않은 상태에서 시장이 완전히 (   ) 취약한 분야의 산업이 무너져버릴 우려가 있다.

① 개방되어 봤자
② 개방되던 차에
③ 개방되는 날엔
④ 개방되는 마당에

12.

요즘 신세대들이 복잡한 걸 싫어하고 쉽고 빠른 것만을 선호하는 건 사실이다. 하지만 지나치게 암호화되고 있는 채팅 용어는 우리말을 (   ) 세대 간의 의사소통을 어렵게 하는 문제점을 안고 있다.

① 파괴하게끔
② 파괴한댔자
③ 파괴하고자
④ 파괴할뿐더러

13.

울퉁불퉁한 비포장 길을 달리는 동안 어느새 깜빡 잠이 들었나 보다. 내리라는 안내원의 말에 잠이 깨어 창밖을 내다보니 태양에 반짝거리는 호수와 설산이 만들어 낸 장관은 (   ) 눈이 부실 지경이었다.

① 아름다우련만
② 아름답다 못해
③ 아름다워 봤자
④ 아름다울까마는

14.

인천시의 한 초등학교 학생들이 고사리 손으로 한 푼 두 푼 모은 성금을 사랑의 재단에 전달해 왔다. 아이들의 정성스러운 마음과 손길은 소년소녀가장과 결식아동들에게 (   ) 도움이 될 것이다.

① 적어서야
② 적은지라
③ 적거니와
④ 적으나마

15.

내용도 모른 채 단지 상영 시작 시간이 얼마 남지 않았다는 이유로 선택한 영화는 기대 이상의 훈훈함을 안겨주었다. 현대인의 인간관계를 다시 한 번 (　　　) 만드는 이 영화는 알고 보니 부산 국제 영화제 출품작이었단다.

❶ 되돌아보게끔　❷ 되돌아보는 데
❸ 되돌아보는 양　❹ 되돌아보다시피

16.

운동이라는 야심찬 계획을 실천하는 데 방해가 되는 첫 번째 장애물이 게으름이라면 두 번째 장애물은 운동화라 할 수 있다. 자신의 체형과 운동 강도에 따라 적합한 신발을 신지 않으면 고통뿐만 아니라 관절과 근육에 부담을 주어 운동을 (　　　).

❶ 안 하기 일쑤이다　❷ 안 하면 그만이다
❸ 안 하느니만 못하다　❹ 안 할락 말락 한다

17.

소방재난본부에 따르면 월 평균 20여만 건에 이르는 신고가 접수되는데 이 중 정상 처리된 건수는 11.5%에 불과하다. 시민들의 잘못된 신고나 신중하지 못한 신고로 인해 소방직원들의 업무가 (　　　) 정작 긴급히 도움이 필요한 시민들에게 선의의 피해가 돌아갈 수도 있다.

❶ 가중되기는커녕　❷ 가중된다손 치더라도
❸ 가중되는 건 차치하고　❹ 가중되는 한이 있더라도

18.

대부분의 남미 사람들은 밝고 명랑하고 낙천적인 기질을 가지고 있다. 빈부차가 심하여 상대적인 빈곤감에 불행을 (　　　) 이들은 어려운 현실에도 불구하고 웃음과 여유를 잃지 않는다.

❶ 느끼다 못해　❷ 느낀 나머지
❸ 느낄 법도 한데　❹ 느끼는 둥 마는 둥

19.

일일이 기억하기조차 힘든 기념일, 거기다가 각종 '○○데이'까지 챙기다가는 텅 빈 지갑에 눈물을 흘려야 할지도 모른다. 사람의 마음이란 게 이상해서 처음부터 아예 (　　　) 챙기다 안 챙기면 나중에 더 원망을 들을 수 있기 때문이다.

❶ 안 했으면 몰라도　　❷ 안 했겠거니 하고
❸ 안 했기에 망정이지　　❹ 안 했음에도 불구하고

20.

새로 출간된 소설 '화신'은 신화적, 과학적, 역사적 지식을 아우르는 방대한 내용의 소설이다. 하지만 작가는 여기에 추리적 요소를 가미하여 (　　　) 지루해할 틈 없이 수수께끼의 비밀을 풀어나가도록 긴장감 넘치게 구성하였다.

❶ 독자랍시고　　❷ 독자로 하여금
❸ 독자로 미루어　　❹ 독자로 말미암아

Ⅳ. 글을 읽고 밑줄 친 부분과 비슷한 의미의 문법 고르기

※ 다음을 읽고 밑줄 친 부분과 의미가 가장 비슷한 것을 고르십시오.

1.

많은 취업 재수생들은 눈높이를 낮추지 못해 매번 입사에 실패한다고 한다. 대기업이 중소기업에 비해 여러 장점을 갖고 있는 것은 사실이나, 뛰어난 인재들이 모인 거대한 조직 속에서 기회를 얻지 못할 바에야 작은 조직의 중소기업에 들어가 다양한 업무를 익히고 경험을 쌓는 게 나을지도 모른다.

❶ 얻지 못하느니　　❷ 얻지 못한다 치고
❸ 얻지 못하던 차에　　❹ 얻지 못하면 몰라도

2.

창덕궁은 조선의 궁궐 중에서 그 원형이 그대로 남아 있고 자연과 건물의 조화로운 배치가 탁월하다는 점에서 1997년 유네스코 세계문화유산으로 지정되었다고 한다. 창덕궁이 세계문화유산으로 <u>지정되었으니만큼</u> 우리 모두가 힘을 모아 더욱 더 소중히 가꾸도록 해야 한다.

❶ 지정된 채 ❷ 지정되어서야 ❸ 지정되었으므로 ❹ 지정되는 날에는

3.

요즘 오나가나 들리는 말이 '세계화', '국제화'이다. 일반인들은 국제화 시대에 <u>발맞추겠다고</u> 자녀들의 조기교육과 해외연수에 열을 올리고 있고 정부는 무역의 세계화라고 수입개방을 밀어붙이고 있다.

❶ 발맞추게끔 ❷ 발맞춘답시고
❸ 발맞추기는커녕 ❹ 발맞추는 건 고사하고

4.

통상적으로 일기란 말 그대로 남들이 보지 못한다는 전제 하에서 쓰는 자기와의 대화이다. 그러나 이번에 출간하게 된 『○○일기』는 좀 다르다. 인터넷상의 개인 홈페이지에 쓰는 <u>일기이기 때문에</u>, '자신과의 대화'이면서 동시에 상당히 의도적인 '남과의 대화'이기도 하다.

❶ 일기인 한 ❷ 일기일망정 ❸ 일기인 이상 ❹ 일기인 까닭에

5.

'문화 관광 해설사'는 지역의 역사, 문화재, 자연 생태에 대한 전문지식을 관광객의 눈높이에 맞춰 알기 쉽게 <u>전달해줄뿐더러</u> 다양한 관광정보를 제공함으로써 관광객의 재방문을 유도하는 등 관광문화의 질적 수준을 제고하는 데 중요한 역할을 하고 있다.

❶ 전달해줌으로써 ❷ 전달해주는 통에
❸ 전달해주거니와 ❹ 전달해주니 만큼

6.

광우병 공포가 전 세계를 위협하고 있는데도 각국은 지금까지 광우병을 유발하는 인자가 '프리온'이라는 특이한 단백질이라는 점만 밝혀냈을 뿐 치료제도 없어 사전에 병에 걸리지 않도록 하는 예방조치에만 의존하고 있다.

❶ 위협하는 통에
❷ 위협하는 까닭에
❸ 위협하고 있으므로
❹ 위협하고 있음에도 불구하고

7.

대화는 인간 생활에 필요한 정신적 활력을 만들어 내는 근원이다. 대화가 없는 삶은 의미가 없는 삶이다. 사람이든 사회이든 오래도록 대화가 단절되면 저절로 소외되어, 살아 있어도 죽어 있는 것이나 다를 바 없게 된다.

❶ 살아 있으되
❷ 살아 있을망정
❸ 살아 있을까마는
❹ 살아 있는 건 차치하고

8.

20세기에 한국에 수많은 서구의 경기가 들어오면서 씨름은 최고의 국민 스포츠로서의 자리를 내주게 된다. 왜냐하면 국내에서만 열리는 씨름은 신교육을 받은 젊은 세대들에게 구태의연한 스포츠로 인식됨으로써 점차 인기가 없어졌고 다른 스포츠에 비해 경쟁력을 잃게 되었기 때문이다.

❶ 인식됨에 비추어
❷ 인식됨으로 미루어
❸ 인식됨에도 불구하고
❹ 인식됨으로 말미암아

9.

모든 여자의 천성이 내향적이고 온순했기 때문에 육아의 임무가 맡겨진 게 아니라 여성에게 주어진 일이 살림과 아이 기르기와 남편 뒷바라지였기에 그에 맞게 점점 변화된 것이고, 그런 특징들이 마치 여성의 미덕인 것처럼 칭송되어 왔을 뿐입니다.

❶ 미덕인 통에
❷ 미덕인 양
❸ 미덕인 셈치고
❹ 미덕인 바

10.

세계경제의 큰 영향을 받는 산업 중 하나인 해운산업이 경제위기의 유탄을 맞고 신음하고 있다. 이에 정부는 해운 산업 지원을 위한 대책을 발 빠르게 내놓았고 이러한 정부대책이 나오자마자 관련 주가는 폭등했다.

❶ 나온 채　❷ 나오랴마는　❸ 나오는 날에는　❹ 나오기가 무섭게

11.

요즘 초 · 중 · 고등학생들의 버릇없고 개념 없는 행동이 도를 지나쳐 교사의 인내심을 시험하는 경우도 있다고 한다. 물론 이 경우에도 침착성을 잃지 말아야겠지만 교사도 사람인 바 어느 정도 분노를 표출할 수 있다고 생각한다. 단지 그 방법에 있어서 교육적인 면을 고려하지 않을 수 없다는 것이 교사로서의 어려움일 것이다.

❶ 사람인들　❷ 사람인지라　❸ 사람이게끔　❹ 사람이거니와

12.

경기 침체의 영향으로 경제 성장률이 둔화되고 구매력이 저하되었음에도 불구하고 생수 판매시장은 4% 정도 성장한 것으로 나타났다. 건강에 좋은 물에 대한 소비자의 인식은 갈수록 높아지고 있어 생수시장은 앞으로도 계속 성장할 것으로 전문가들은 내다보고 있다.

❶ 저하된지라　❷ 저하되었겠냐만　❸ 저하되었건만　❹ 저하되었을지라도

13.

한 달간의 배낭여행을 다녀오고 나서 새삼 느낀 건, 시도해 보지도 않고 나중에 후회하는 것보다 빨리 결정하고 행동으로 옮기는 게 젊은이로서의 자세와 패기가 아닐까 하는 생각이다. 누군가의 말처럼 망설일 시간에 차라리 좀 더 큰 꿈을 꾸어야 한다.

❶ 후회해 봤자　❷ 후회한다 치고　❸ 후회하다 못해　❹ 후회할 바에야

14.

연일 무더위가 기승을 부리고 있는 가운데 부동산 시장은 비수기 한파를 맞고 있다. 무더위에 휴가철까지 겹치면서 거래는 거의 끊겼다고 할 수 있다. 특히, 대출규제가 더욱 강화되면서 아파트를 비롯한 모든 부동산 가격에 일제히 하락세를 나타냈다.

❶ 끊기다시피 했다 ❷ 끊겼겠거니 했다 ❸ 끊길락 말락 했다 ❹ 끊겼을 따름이었다

15.

제 12회 '농업인의 날'을 맞이하여 각종 행사와 기념식이 열렸다. 기념식에서는 어려운 여건하에서도 우리 농업과 농촌을 지키고 있는 농업인들에게 위로와 격려를 보내면서 농업 발전에 공이 큰 유공자 30여 명에게 대통령표창을 비롯한 각종 포상이 수여되었다.

❶ 보내는 통에 ❷ 보내는 한편 ❸ 보내는 셈치고 ❹ 보내는 바람에

16.

먼지 및 아황산가스의 발생이 증가하여 도시의 환경을 악화시키고 있을 뿐만 아니라 날마다 막대한 생활하수가 하천으로 유입됨으로써 하천의 오염이 심각한 수준에 이르렀다. 이러한 도시 환경문제를 해결하려면 오염을 방지하기 위한 다양한 수질 관리 대책을 수립하여 실행해야 한다.

❶ 유입되는 통에
❷ 유입되는 한
❸ 유입되는 판에
❹ 유입되기가 무섭게

17.

지도자가 갖춰야 할 덕목으로 위기관리 능력을 꼽을 수 있다. 혹시 닥칠지 모르는 불이익을 무릅쓰고 위기의 순간에 빠른 판단력을 발휘해야만 한다. 더불어 자신의 선택에 대한 자신감과 치밀함을 보여야 한다.

❶ 불이익이 있었던들
❷ 불이익이 있는 건 차치하고
❸ 불이익이 있기로서니
❹ 불이익이 있다손 치더라도

18.

출근길에 커피 전문점을 지나면서 유혹적인 커피 향에 이끌려 한 잔, 신제품 아이디어를 내야 하는 회의 전에는 긴장감 때문에 한 잔, 퇴근 후에는 오랜만에 만난 동창과도 한 잔. 석 잔 정도는 괜찮겠거니 하고 마셨는데 밤에 잠을 이룰 수가 없었다.

❶ 괜찮다 치고
❷ 괜찮으랴마는
❸ 괜찮으리라고
❹ 괜찮으려니 하고

19.

서울시에서 추진하고 있는 화장장 확장계획이 우리 구 주민들의 의사와 관계없이 결정되었습니다. 이로 인해 우리 구에서는 주민들의 재산권, 환경권 등에 막대한 피해가 발생할 것을 우려하여 서울시의 결정에 반대합니다. 주민들의 이러한 의견을 수렴하셔서 확장계획을 재검토하도록 힘써 주시기를 바라며 이 의견서를 제출합니다.

❶ 힘써 주시는 바
❷ 힘써 주시니만큼
❸ 힘써 주십사 하고
❹ 힘써 주시면 몰라도

20.

윷놀이는 윷을 잘 던지기만 해서 이기는 게임이 아니다. 말판을 잘 쓰는 것도 중요한 승리의 관건이다. 남의 말에 잡히지 않고 가장 가까운 길로 가면서, 자기편 말끼리 덧놓아 여러 말이 한 번에 같이 움직일 수 있게 되면 빨리 날 수 있어 이기게 된다.

❶ 가까운 길로 가되
❷ 가까운 길로 갈세라
❸ 가까운 길로 가려니와
❹ 가까운 길로 가게끔

V. 긴 글을 읽고 질문에 답하기

※ 다음을 읽고 물음에 답하십시오.

[1]

선진국에 비해 도시화의 속도가 빨랐던 개발도상국에서는 과도하게 인구가 (㉠) 주택 부족 및 주거 환경 악화 등의 문제가 발생하고 있다. 이러한 문제를 해결하기 위해 택지 개발 사업을 통해 주택 보급률을 ㉡높이는 노력과 함께 도심의 낡은 주택들을 대상으로 재개발 사업을 시행하였다. 그러나 새로 건설하는 주택이 주로 아파트에 집중되어 있기 때문에 저소득층의 주거 환경 개선 문제가 해결되었다고 보기는 어렵다.

1. ㉠에 알맞은 것을 고르십시오.

❶ 집중된 채 ❷ 집중되자 ❸ 집중된 마당에 ❹ 집중된 나머지

2. ㉡과 바꾸어 쓸 때 알맞은 것을 고르십시오.

❶ 높이고자 ❷ 높이던 차에 ❸ 높인답시고 ❹ 높이는 한편

[2]

통계청의 발표에 따르면 우리나라 소방 공무원 1인당 담당 인구수는 2,082명이라고 한다. 일본은 841명, 미국은 겨우 208명이라니 미국에 비해 10배나 되는 셈이다. 작년에 화재 진압 중 순직한 소방 공무원이 20명이나 되고 부상자도 250명에 달한다. 그들의 임무가 국민의 소중한 생명, 재산과 밀접한 관련이 있음에도 불구하고 근무 여건은 (㉠). 소방 공무원들이 자긍심을 갖고 안전하게 ㉡일할 수 있도록 정부는 근무 여건 개선에 힘써야 할 것이다.

1. ㉠에 알맞은 것을 고르십시오.

❶ 열악할 턱이 없다 ❷ 열악하기 일쑤이다
❸ 열악하기 짝이 없다 ❹ 열악하기 십상이다

2. ㉡과 바꾸어 쓸 때 알맞은 것을 고르십시오.

❶ 일하는 이상 ❷ 일하는 마당에
❸ 일할 수 있게끔 ❹ 일할 수 있으니만큼

[3]

사람들의 일상과 속마음을 알기 쉽게 소통하려는 서민들의 국어 생활속에서 '삶의 본 모습'을 진솔하게 파악하려는 지혜를 엿볼 수 있다. 특히 이러한 진솔한 표현 방식은 관용어나 속담의 사용에서 잘 나타나는데, 관용어는 어떤 특정한 모습을 늘 그런 방식으로 (㉠) 한국사람 모두에게 이미 친숙해진 말이다. 아주 가까운 거리를 '엎드리면 코 닿을 데'라고 한다든지, 시간이 매우 빨리 흐르는 것을 두고, '세월이 쏜살 같이 간다' 등과 같이 표현하는 것이 바로 관용어이다. 관용어는 국어 공동체가 오랜 세월 동안 함께 사용함으로써 만들어진 국어 ㉡문화이므로 그 속에는 우리말의 묘미와 한국인 특유의 사고방식이 담겨 있다.

1. ㉠에 알맞은 것을 고르십시오.

❶ 표현하고서야 ❷ 표현하노라면 ❸ 표현함으로써 ❹ 표현하는 한편

2. ㉡과 바꾸어 쓸 때 알맞은 것을 고르십시오.

❶ 문화일망정 ❷ 문화인 이상 ❸ 문화임에 따라 ❹ 문화인 까닭에

[4]

여행, 특히 해외여행은 여행을 계획하고 준비하는 과정에서부터 충분히 설레고 흥분된다. 그러나 막상 공항에 내리는 순간부터 고생이 시작되는 경우도 비일비재하다. 물론 외국인으로서 낯선 나라를 여행하면서 불편을 겪지 (㉠) 예상하는 사람은 아무도 없을 것이다. 그러나 불편의 정도를 넘어서 불쾌의 수준으로까지 간다면 다시는 그 나라에 가고 싶어지지 않을 것이다. 따라서 이러한 불편한 점들을 ㉡해소하지 않으면 외국인들은 그 나라를 다시 찾지 않을 것이며 관광대국으로 거듭나고자 하는 소망은 먼 나라 이야기가 될 것이다.

1. ㉠에 알맞은 것을 고르십시오.

❶ 않으리라고 ❷ 않겠냐마는 ❸ 않으려니와 ❹ 않을지라도

2. ㉡과 바꾸어 쓸 때 알맞은 것을 고르십시오.

❶ 해소하지 않은들 ❷ 해소하지 않느니
❸ 해소하지 않기에 ❹ 해소하지 않는 한

[5]

그런데 너희 뭇 쥐들에게 묻는다. 너희는 맡은 일이 무엇인가? 누가 너희를 길러 주었으며 어디서 생겨서 자라났는가? 구멍을 뚫고 도둑질하는 것은 오직 너희만이 하는 소행이다. 대개 도둑은 밖에서 (㉠) 너희는 어찌 집안에 살면서 도리어 주인의 집에 해를 끼치는가? 구멍을 많이 뚫어 이리저리 들락날락하고 대낮에도 버젓이 다니며, 방에서 부엌으로, 마루에서 방으로 멋대로 다닌다. 단단한 것도 잘 뚫어 상자 속에도 잘 들어가고, 굴뚝을 뚫어 구석에서 연기가 나게 한다. 마시기도 하고 먹기도 하니 이는 도둑의 짓이다. 너희도 배를 채우기 위한 ㉡것일 테지만, 어찌하여 옷을 쏠아 입지 못하게 하는가?

1. ㉠에 알맞은 것을 고르십시오.

❶ 들어오되 ❷ 들어올지언정
❸ 들어오기로서니 ❹ 들어오는 것이거늘

2. ㉡과 바꾸어 쓸 때 알맞은 것을 고르십시오.

❶ 것이므로 ❷ 것인지라
❸ 것일진대 ❹ 것이기에 망정이지

[6]

한국의 대표적인 고전 소설로 심청전, 춘향전과 더불어 홍길동전을 들 수 있다. 홍길동전은 한국의 대표적인 의로운 도적을 소재로 한 소설인데, 주인공인 길동은 양반가의 아들로 태어났음에도 서자인 까닭에 신분의 벽에 부딪치게 된다. 이야기 가운데 『길동이 점점 자라 8살이 (㉠) 총명하기가 보통이 넘어 하나를 들으면 백 가지를 알 정도였다. 그래서 공은 더욱 귀여워하면서도 출생이 천해, 길동이 늘 아버지니 형이니 하고 부르면 즉시 꾸짖어 그렇게 부르지 못하게 하였다.』라는 대목이 나온다. 이렇듯 남다른 재주를 보였던 길동이 장부로서의 뜻을 ㉡펼치려고 하니 조선의 신분 제도가 장애가 되어 그 뜻을 가로막는다. 이에 자신의 처지를 한탄한 길동은 집을 떠나 도적의 소굴로 가게 된다.

1. ㉠에 알맞은 것을 고르십시오.

❶ 되자 ❷ 되는지라
❸ 되었으므로 ❹ 되는 날에는

2. ㉡과 바꾸어 쓸 때 알맞은 것을 고르십시오.

❶ 펼치고자 ❷ 펼칠라치면
❸ 펼치자니 ❹ 펼치노라니

[7]

갈등을 조정하기 위한 대표적인 협상 방법에는 양자 모두 이익을 얻는 방식과 한 쪽만 이익을 얻는 방식이 있다. 전자의 경우 양보할 것은 양보하고 얻을 것은 얻는다는 자세로 협상에 임하기 때문에, 참여자들이 자신과 상대방의 이익을 함께 고려한다. 이에 반해 후자의 경우에는 상대방에게 ㉠손해를 끼치면서까지 자신의 이익을 극대화하고자 한다. 이 경우 서로 공격적인 자세로 협상에 임하기 때문에, 협상이 난항을 (㉡). 결국 전자의 방식이 협상 당사자들 모두에게 이익을 가져 온다고 할 수 있다.

1. ㉠과 바꾸어 쓸 때 알맞은 것을 고르십시오.

❶ 손해를 무릅쓰고 ❷ 손해를 끼칠지언정
❸ 손해를 끼치면 몰라도 ❹ 손해를 끼치는 한이 있더라도

2. ㉡에 알맞은 것을 고르십시오.

❶ 겪을 따름이다 ❷ 겪기 십상이다
❸ 겪다시피 한다 ❹ 겪으면 그만이다

[8]

우리가 계승해야 할 민족 문화의 전통으로 여겨지는 것들은 앞서 언급한 예에서 (㉠), 과거의 인습에서 벗어나 새로운 것을 창조하려는 노력의 산물이었다. 우리가 익히 알고 있는 세종대왕의 훈민정음 창제 과정이 이를 증명한다. 만일 세종이 관습에 얽매인 보수주의적 유학자들에게 한글을 창제하겠다는 뜻을 ㉡굽혔더라면, 과연 우리 민족 문화의 최대 걸작품이 햇빛을 볼 수 있었을 것인가?

1. ㉠에 알맞은 것을 고르십시오.

❶ 알 수 있되 ❷ 알 수 있는 한
❸ 알 수 있는 이상 ❹ 알 수 있는 바와 같이

2. ㉡과 바꾸어 쓸 때 알맞은 것을 고르십시오.

❶ 굽혔던들 ❷ 굽혔으랴마는
❸ 굽히고서야 ❹ 굽혔을지언정

[9]

언젠가 교육부의 한 관리가 프랑스의 불문학박사보다 한국의 불문학박사가 더 많을 거라는 농담을 한 적이 있다. 가끔 만나는 지인들도 이제는 영어 하나면 다 통하는데 프랑스어 같은 제2 외국어 교육은 필요 없지 않느냐고 묻기도 하는 게 현실이다. 그 관리의 말이야 (㉠) 프랑스어 교육이 불필요하다고 함부로 말하는 사람들 앞에서 프랑스 문학을 가르치는 선생으로서 당혹스러움을 감출 수 없다. 그런 사람들에게 프랑스어는 단지 무역이나 여행을 하기 위해서만 필요한 언어가 ㉡아니거니와, 대학의 불어불문학과에서 프랑스어만 배우는 것은 아니라는 사실을 강조하고 싶다.

1. ㉠에 알맞은 것을 고르십시오.

❶ 그러려니와 ❷ 그러랴마는
❸ 그러련마는 ❹ 그렇다손 치더라도

2. ㉡과 바꾸어 쓸 때 알맞은 것을 고르십시오.

❶ 아닐뿐더러 ❷ 아닌 셈치고
❸ 아니겠냐마는 ❹ 아니다 싶으면

[10]

우리가 살아가는 어느 (㉠) 소중하지 않은 순간이 단 한 순간이라도 있으랴. 물론 특별히 소중한 순간이 따로 있다고 생각하는 사람도 있을 테지만 어느 한 순간이고 의미 없는 순간은 없을 것이다. 숨을 쉬지 않아도 되는 시간, 맥박이 멈춰도 되는 날이 ㉡있을까마는 우리는 종종 그 소중함을 잊고 산다. 단지 시간만이 그런 것은 아니다. 이 세상에 존재하고 있는 사물 가운데 의미 없는 것, 소용없는 것 또한 있을 수 없는 것이다. 소용없고, 의미가 없었다면 벌써 도태되어 이 세상에 존재하지 않을 터이기 때문이다.

1. ㉠에 알맞은 것을 고르십시오.

❶ 한 순간인들 ❷ 한 순간일진대 ❸ 한 순간이라면 ❹ 한 순간이거늘

2. ㉡과 바꾸어 쓸 때 알맞은 것을 고르십시오.

❶ 있기에 ❷ 있으랴마는 ❸ 있기로서니 ❹ 있을지언정

[11]

예로부터 천문학은 하늘의 움직임에 따라 농사시기를 결정할 수 있다는 점에서 농업과 깊은 관계가 있었다. 또한 관측 결과에 따라 국가의 길흉을 점치던 점성술이 고대국가에서 중요시되었던 (㉠) 정치와도 관련이 깊음을 알 수 있다. 일찍이 이러한 천문학의 중요성을 깨달은 신라의 선덕여왕은 천체의 움직임을 관찰할 수 있는 첨성대를 건축하라 지시하였다. 경주의 대표적인 문화유산중의 하나인 첨성대는 당시의 높은 과학 수준을 보여 줄 뿐만 아니라 동양에서 가장 오래된 ㉡천문대이므로 그 역사적, 과학적인 가치가 매우 크다고 할 수 있겠다.

1. ㉠에 알맞은 것을 고르십시오.

❶ 점은 고사하고 ❷ 점으로 미루어 ❸ 점에도 불구하고 ❹ 점으로 말미암아

2. ㉡과 바꾸어 쓸 때 알맞은 것을 고르십시오.

❶ 천문대일진대 ❷ 천문대이나마
❸ 천문대일지라도 ❹ 천문대이니만큼

[12]

내향적인 사람은 자신감이 없다. 어딘가 (㉠) 자기 부족감으로 고민하는 경우가 많다. 적극성도 없고 매사에 용기도 없어서 해 보기도 전에 패배감을 느끼므로 열등감에 빠지기 일쑤이다. 그러기에 내향적인 ㉡성격으로 인해 정상적으로 사회활동을 하지 못하고 깊은 수렁에 빠져 버리는 이들도 없지는 않다. 그러나 내향적인 사람 모두가 좌절의 늪에 가라앉는 건 아니다. 그들 중에서 많은 이들은 자기의 성격 때문에 더 열심히 일하고 공부한다. 그것이야말로 이들에게 주어진 무기라고 할 수 있다. 노력형, 근검형이 될 수밖에 없는 숙명을 타고난 셈이다.

1. ㉠에 알맞은 것을 고르십시오.

❶ 모자라기로서니 ❷ 모자라던 차에 ❸ 모자라는 만큼 ❹ 모자라는 듯싶은

2. ㉡과 바꾸어 쓸 때 알맞은 것을 고르십시오.

❶ 성격이기에 ❷ 성격에 비추어 ❸ 성격이니만큼 ❹ 성격으로 말미암아

VI. 대화 완성하기

※ 빈칸에 알맞은 것을 고르십시오.

1. 가 : 이사님께서 투자 설명회를 연기해야 하는 상황을 이해해 주실까요?
   나 : 그게 말이 됩니까? ______________________.

❶ 이해하시다마다요 ❷ 그러시겠거니 해야지요
❸ 이해하실 리가 없습니다 ❹ 나중에 생각할 여지가 있습니다

2. 가 : 이번 사건을 두고 여야가 서로 책임만 떠넘기고 있으니 참 한심하지 않습니까?
   나 : 한심하다마다요. ______________________.

❶ 우리야 구경만 하면 그만이지요
❷ 책임소재는 반드시 밝혀내야지요
❸ 사건정황으로 미루어 보면 알 수 있잖아요
❹ 바라건대 하루속히 해법이 나와야 할텐데 말입니다

3. 가 : 회사내부의 불법적인 관행을 폭로하면 더 이상 회사에 남아 있을 수 없겠지?
나 : 아마 그렇겠지. ______________________.

❶ 살아남느니만 못 할 거야
❷ 양심에 비추어 부끄러움이 없을 거야
❸ 끝까지 자신의 신념을 고수해야 한다고 봐
❹ 회사입장에서 그런 직원을 그냥 놔 둘 턱이 없잖아

4. 가 : 살인적인 물가 때문에 월급만으로 살기가 버겁지요?
나 : 글쎄 말이에요. ______________________.

❶ 물가가 오를래야 오를 수가 없지요
❷ 요즘 같아선 사표를 내야 할 것 같아요
❸ 월급을 받기가 무섭게 다들 저축하느라 바빠요
❹ 맞벌이를 하기에 망정이지 혼자 벌었으면 힘들었을 거예요

5. 가 : 교통 혼잡을 막기 위해서는 승용차 요일제를 의무적으로 실시해야 합니다.
나 : 어느 정도 일리가 있습니다만 ______________________.

❶ 반대를 무릅쓰고라도 의무적으로 실시해야 합니다
❷ 강제로 실시하다 보면 부작용이 생기기 십상이에요
❸ 강제로 실시한다면 교통 혼잡이 해결될 법도 하네요
❹ 의무적으로 실시하는 이상 참여할 수밖에 없겠군요

6. 가 : 강력한 우승 후보였던 선수가 부상으로 출전을 포기했다니 안타깝네요.
나 : 누가 아니래요? 그래도 ______________________.

❶ 우승 후보가 된 것만으로도 만족해야지요
❷ 출전을 안 하니만 못한 일이 되고 말았네요
❸ 선수가 부상당하는 일은 어제 오늘 일은 아니잖아요
❹ 우승을 놓친 건 차치하고 큰 부상만 아니었으면 좋겠어요

7. 가 : 얘기 들었어요? 구청에서 우리 동네 공터에 놀이터를 지을 예정이래요.
나 : 그렇지 않아도 ______________________________.

❶ 놀이터가 제대로 관리가 안 돼서 문제였잖아요
❷ 구청에서 주민들을 위해 좋은 일을 많이 해야 합니다
❸ 아이들을 위한 놀이 공간이 필요하던 차였는데 잘 됐네요
❹ 놀이터를 지은 셈치고 아이들을 공터에서 놀게 하면 되지요

8. 가 : 벌써 출근하셨어요? 장례 치르는 일이 보통 힘든 게 아닌데 더 쉬시지요.
나 : 별말씀을요. ______________________________.

❶ 장례도 장례거니와 출근을 해야 하니까요
❷ 바쁘신 와중에도 와 주셔서 감사할 따름입니다
❸ 장례식에 와 주십사 하고 말씀 드리려고 했습니다
❹ 쉬노라면 가슴 아픈 기억이야 잊혀지게 마련이니까요

9. 가 : 중 · 고등학교에서 봉사활동을 점수화하는 건 좀 지나치다고 봐.
나 : 꼭 그렇지는 않지. ______________________________.

❶ 봉사와 점수는 별 상관이 없잖아
❷ 초등학교에서도 그렇게 해야 한다고 봐
❸ 지나치다면 학교에서 어느 정도는 감안해 주겠지
❹ 점수화해서라도 봉사활동의 필요성을 알게끔 해야지

10. 가 : 국제화 시대에 우리 아이만 우물 안 개구리가 될까봐 걱정이 돼요.
나 : 그래서 말인데 ______________________________?

❶ 그렇게 걱정이 많아서야 어떻게 아이를 키우겠어요
❷ 국제화니 뭐니 해도 우리 것이 더 소중하지 않아요
❸ 본인이 원하거들랑 어학연수라도 보내는 게 어떨까요
❹ 우물 안 개구리로 사는 게 어디 우리 아이 뿐이겠어요

11. 가 : 다이어트 한답시고 그렇게 굶기만 하다가는 몸이 상하기 십상이야.
    나 : 아닌게 아니라 ______________________________.

❶ 힘이 없어서 업무를 못할 지경이야
❷ 몸이 상하는 한이 있더라도 포기할 수는 없어
❸ 이제부터는 먹는 둥 마는 둥 해야 할 것 같아
❹ 다이어트를 시작한 이상 마음껏 먹을 수는 없어

12. 가 : 이번 징계 결정에 해당자들의 반발이 매우 심할 텐데요.
    나 : 그래도 어쩔 수 없지요. ______________________________.

❶ 징계 결정을 철회하면 그만입니다
❷ 문제도 문제려니와 반발이 더 걱정입니다
❸ 이 문제는 더 이상 재고의 여지가 없습니다
❹ 결정이 떨어지기가 무섭게 반발할 테니까요

13. 가 : 이번 올림픽에서도 편파적인 판정으로 말이 많던데요.
    나 : 그러게요. 그래도 ______________________________.

❶ 선수들의 반칙 때문이겠거니 해야지요
❷ 심판들은 잘못된 판정으로 비난받기 일쑤지요
❸ 자국 팀에게 유리한 편파적인 판정인 듯싶어요
❹ 승복해야하는 경우가 많으니 답답하기 짝이 없어요

14. 가 : 심혈을 기울였던 작품이 망가졌으니 제정신이 아니었겠지요. 이해하세요.
    나 : 아무리 그렇다손 치더라도 ______________________________?

❶ 그렇게 심혈을 기울이면 어떻게 해요
❷ 작품을 망가뜨리는 건 좀 심하지 않아요
❸ 그렇게 함부로 막말을 해서야 되겠습니까
❹ 빨리 정신을 차려야 이해할 수 있지 않겠어요

15. 가 : 달고 기름진 음식이나 즉석가공식품은 우리 몸의 저항력을 떨어뜨리지요.
나 : 그러니 ________________.

❶ 학교 앞 불량식품 판매를 단속한들 소용이 없어요
❷ 아이들로 하여금 그런 식품을 멀리 하도록 교육을 강화해야지요
❸ 비타민과 미네랄이 풍부한 채소와 해조류 섭취가 늘 턱이 없어요
❹ 건강에 좋은 인스턴트식품 개발에 매진하다 보면 좋은 결과를 얻으리라고 봅니다

16. 가 : 당일 배송이라고 그렇게 광고하더니만 주문한 물건이 여태 도착을 안 했어요?
나 : 네, 아무래도 ________________.

❶ 주문한 이상 기다려 볼 수밖에요
❷ 배송 과정에서 착오가 생긴 듯싶어요
❸ 당일 배송이랍시고 너무 서두른 것 같아요
❹ 배송은 고사하고 아직 주문도 안 했는데요

17. 가 : 이번 장마는 비가 오락가락 지루하게 이어지고 있네.
나 : 글쎄 말이야. ________________.

❶ 비는 고사하고 햇볕만 내리쬐는 걸
❷ 신문을 보니까 외출지수가 아주 높더라
❸ 아침에도 해가 날락 말락 하다가 비가 왔잖아
❹ 태풍까지 오는 날에는 무방비 상태로 피해를 입을 거야

18. 가 : 공업용 색소를 사용한 빙과류 제조업체가 또 검찰에 적발됐대요.
나 : 사실 ________________.

❶ 색소를 넣는 둥 마는 둥 하니까 소비자가 잘 모르지요
❷ 여름 내내 폭염이 계속되니 그런 일이 생길 법도 하네요
❸ 빙과류는 맛도 중요하거니와 색상에도 신경 써야 하니까요
❹ 안 먹으면 그만이지만 그런 나쁜 짓을 한다는 사실에 화가 나네요

19. 가 : 소식 들었어요? 이번 승진 심사에서 김 과장님이 탈락되셨다는군요.
나 : 정말이에요? 그런 줄도 모르고 ______________________.

❶ 무소식이 희소식이라고 한걸요
❷ 너무 상심하지 마시라고 했지 뭐예요
❸ 심사가 공정하지 않았던 것 같다고 그랬어요
❹ 축하드린답시고 눈인사까지 하며 악수를 청했는데요

20. 가 : 재개발 사업이 무산되면서 정부에 대한 지역 주민들의 원성이 자자해요.
나 : 네, 저도 압니다. 그러나 ______________________.

❶ 원성이 없을 리가 없지요
❷ 원성이 자자한 판에 억지로 진행할 수는 없어요
❸ 지역주민의 원성이 커질 대로 커져서 어쩔 수 없어요
❹ 원성이 있을지라도 합리적인 결정이라면 따라야겠지요

Ⅶ. 틀린 문장 찾기

※ 다음 밑줄 친 부분의 쓰임이 맞지 않는 것을 고르십시오.

1. (　　)

❶ 배가 부르다 못해 터질 것 같아요.
❷ 내일이 오늘보다 더 나으리라는 기대를 하고 살지요.
❸ 라디오에서 좋아하는 노래가 나오기에 듣는 둥 마는 둥 했어.
❹ 머리가 나쁘다는 말까지 들어가면서 일을 하느니 그만두겠어요.

2. (　　)

❶ 클래식 음악은 마음을 차분하게 하는 데 효과가 있어요.
❷ 막상 혼자 배낭여행을 떠나자니 기대감에 마음이 벅차오르네요.
❸ 비상열쇠가 있었기에 망정이지 집에 못 들어갈 뻔했어요.
❹ 빈부 격차 문제가 심각한데 경제가 발전한들 무슨 소용이 있겠어?

3. (　　　)

❶ 막 잠이 들려던 차에 전화가 와서 깼어요.
❷ 좀 돌아서 간댔자 시간이 더 걸릴 수도 있지요.
❸ 지금쯤 집에 도착했겠거니 하고 전화해 봤는데 받지 않네요.
❹ 고객들이 신제품의 기능을 쉽게 이해하게끔 설명서를 만들어야 합니다.

4. (　　　)

❶ 이번 행사에 사회를 봐 주십사 하고 전화드렸습니다.
❷ 텔레비전을 켜 놓은 채 잠이 든 적이 한두 번이 아니네요.
❸ 아무리 세상이 각박해졌기로서니 옆집에 누가 사는지 다 알아요.
❹ 획기적인 방안이 나오면 몰라도 지금의 사태를 해결하기는 쉽지 않습니다.

5. (　　　)

❶ 이번 한 번만 속는 셈치고 도와주시면 안 될까요?
❷ 이번에 출시된 제품은 가격도 비싸려니와 새로운 기능이 추가되었다.
❸ 관객들이 지켜보는 가운데 이번 영화제의 개막작이 상영되었다.
❹ 밤샘 촬영에 피곤할 법도 한데 배우들은 시종일관 웃음을 잃지 않았다.

6. (　　　)

❶ 열심히 사노라면 고생스러운 날도 있겠지.
❷ 빠른 속도로 말하되 정확한 발음으로 말해야 합니다.
❸ 일이 빨리 마무리되면 좋으련만 언제 끝날지 막막하기만 하다.
❹ 오랜만에 영화라도 같이 볼라치면 친구들은 늘 시간이 없다고 한다.

7. (　　　)

❶ 알려드린 바와 같이 다음 주 송년회 모임은 부부 동반입니다.
❷ 사람들에게 사랑을 받고 못 받고는 다 본인 하기 나름입니다.
❸ 그렇게 잠 못 이루고 뒤척일 바에야 일어나서 책이라도 읽으세요.
❹ 당장은 아무 문제가 없다 쳐도 앞으로 문제가 생기지 않을 겁니다.

8. (   )

❶ 경찰의 안이한 대응으로 말미암아 다 잡은 범인을 놓쳤다.
❷ 어머니를 도와 드린답시고 부엌을 난장판으로 만들었어요.
❸ 그림에 소질이 있어서 미술대회에 나갔다 하면 상을 받기 일쑤였어요.
❹ 이번 박람회에는 다양한 전시가 준비되어 있을뿐더러 수출상담도 할 수 있다.

9. (   )

❶ 홍삼이 몸에 좋다기에 온 가족이 같이 먹어 봅시다.
❷ 아무리 힘이 세다손 치더라도 그건 들 수 없을 거야.
❸ 이번에도 또 떨어지는 날엔 다시는 기회가 없을 테니까 알아서 해라.
❹ 사건 배후에 누군가 있다는 건 바보가 아닌 이상 다 아는 사실이다.

10. (   )

❶ 이제 와서 후회해 봤자 달라지는 건 하나도 없다.
❷ 수입이 점점 줄어드는 판에 형편이 나아지지 않고 있다.
❸ 고객님들의 성원에 보답하고자 할인행사를 마련했습니다.
❹ 너도 이제 사회인이 됐으니만큼 자기의 일은 스스로 결정해라.

Ⅷ. 제시된 표현을 사용하여 문장 만들기

※ 제시된 표현을 순서대로 모두 사용해서 〈   〉의 주제에 대한 문장을 만드십시오. (한 문장, 50자 내외)

1.

〈대기오염의 원인과 해결책〉
자동차 매연 / 대중교통 / 대체 에너지 / 서두르다

____

____

____

2.

〈건전한 선거 문화의 장애 요소〉
지연 / 학벌 / 얽매이다 / 올바르다

3.

〈언론의 사명〉
사실을 보도하다 / 그치다 / 권력을 비판하다 / 견제하다

4.

〈면접시험의 요령〉
예상하다 / 당황하다 / 자신감 / 태도

5.

〈대중교통 이용 확대 방안〉
노선을 확대하다 / 서비스 / 개선하다 / 유도하다

6.

〈고령화 사회의 문제점〉
노인 인구 / 급속하다 / 노동력 / 생산력

7.

〈걷기 운동의 효과〉
신체적 / 각종 질병 / 정신적 / 스트레스

8.

〈광고가 소비자에게 미치는 영향〉
올바른 선택 / 정보를 전달하다 / 현혹시키다 / 일쑤이다

9.

〈주부의 일상과 고충〉
가사분담 / 집안일 / 아이 교육 / 모자라다

10.

〈자연 환경 보존을 위한 자세〉
미래 / 물려주다 / 시민 / 관심을 쏟다 / 달려 있다

11.

〈저출산의 원인〉
고학력 / 사회 진출 / 활발하다 / 연령 / 야기하다

12.

〈진정한 스포츠 정신〉
정정당당 / 경쟁 / 심판 / 판정하다 / 승복하다

13.

〈조기 유학의 성공여부〉
나이 / 본인의 의사 / 고려하다 / 실패하다

14.

〈청소년 인터넷 중독의 원인〉
맞벌이 가정 / 저소득층 / 관리 / 소홀하다 / 빠지다

15.

〈공교육의 미래〉
학교 / 학부모 / 신뢰 / 얻다

16.

〈도시 근로자의 비애〉
월급 / 저축하다 / 장만하다 / 희망

17.

〈보험의 필요성〉
갑작스럽다 / 발생하다 / 경제적 부담 / 노후 / 보장하다

18.

〈현대 의학 발전의 혜택〉
눈부시다 / 성장하다 / 수명 / 연장하다

19.

〈시장의 역할〉
생산자 / 소비자 / 수요와 공급 / 가격 / 결정하다

20.

〈여행의 진정한 의미〉
일상 / 벗어나다 / 돌아보다 / 경험 / 성장시키다

종합 연습문제

1회

[1-4] 다음 (　　　)에 알맞은 것을 고르십시오.

1. 신문사의 사회부 기자는 특종을 잡기 위해 매일 경찰서에 (　　　).

❶ 출근하는 법이다　　❷ 출근하겠거니 한다
❸ 출근하다시피 한다　　❹ 출근하면 그만이다

2. 직원의 업무 처리가 너무 느려서 (　　　) 속이 터질 것 같았어요.

❶ 답답하련마는　　❷ 답답하거들랑　　❸ 답답하다 치고　　❹ 답답하다 못해

3. 노사 양측의 입장 차이가 너무 커서 시간을 (　　　) 해결책이 나올 것 같지 않습니다.

❶ 끌고자　　❷ 끌 바에　　❸ 끌어서야　　❹ 끌어 봤자

4. 시민들의 편의를 위해 도로를 (　　　) 1년째 공사를 해서 오히려 통행에 불편을 주고 있다.

❶ 넓힌답시고　　❷ 넓히게끔　　❸ 넓힌다기에　　❹ 넓힘으로써

[5-8] 다음 밑줄 친 부분과 의미가 가장 비슷한 것을 고르십시오.

5. 문제를 일으켜 놓고선 뒤늦게 수습을 <u>한다고 해서</u> 상황이 쉽게 좋아질 리가 있겠어요?

❶ 할라치면　　❷ 하겠냐마는　　❸ 하련마는　　❹ 하려고 한들

6. 학부모들은 막대한 예산을 들여 무상급식을 <u>하는 것보다</u> 학교의 안전시설을 확충해 주기를 바라고 있다.

❶ 하느니　　❷ 할뿐더러　　❸ 하겠답시고　　❹ 하기로서니

7. 환율이 떨어져 이윤을 남기기는커녕 빚만 지게 되었다고 중소 무역업체들은 하소연하고 있다.

❶ 남기겠거니 하고 ❷ 남기다시피 해도
❸ 남긴다손 치더라도 ❹ 남기는 건 고사하고

8. 환경악화로 인해 지구상의 많은 생물종들이 예전과 비교할 수 없을 정도로 빨리 멸종되고 있다.

❶ 없는 양 ❷ 없으나마 ❸ 없으리만치 ❹ 없다는 듯이

[9-11] 다음을 읽고 (　　　)에 알맞은 것을 고르십시오.

9.

> 하루 종일 허리 굽히고 일해야 하는 여성들에게 설날과 추석은 노동의 시간이다. 온 가족이 한 데 모이는 기쁨은 얼마 지나지 않아 피로감으로 (　　　) 여성들은 해마다 찾아오는 명절이 그리 반갑기만 하지는 않다.

❶ 바뀌다 못해 ❷ 바뀌는 날에는
❸ 바뀌기가 무섭게 ❹ 바뀌기 일쑤여서

10.

> 비인기 종목에 대한 지원이 점점 (　　　) 김지성 선수의 금메달 획득은 가뭄의 단비 같은 반가운 소식이 아닐 수 없다. 이번 기회를 통해 비인기 종목에 대한 국민들의 지속적인 관심과 정부의 꾸준한 지원이 이어지기를 바란다.

❶ 줄어든다 치더라도 ❷ 줄어들고 있는 가운데
❸ 줄어들고 있으니만큼 ❹ 줄어드는 건 차치하고

11.

소비자의 과실로 제품이 손상됐을 경우, 대부분 보상을 (   ) 유상 수리를 해야 하는 게 일반적이다. 그러나 '고객 과실 보장 서비스'는 고객의 실수나 우발적 사고의 경우에도 무상으로 수리해 주거나 부품을 교체해 주는 획기적인 서비스로 관심이 주목된다.

❶ 받지 못할뿐더러 ❷ 받지 못하나마 ❸ 받지 못하던 차에 ❹ 받지 못하는 데에

[12-14] **다음을 읽고 밑줄 친 부분과 의미가 가장 비슷한 것을 고르십시오.**

12.

한국인들은 수많은 의식과 모임 속에 살고 있다. 의식이란 개인보다는 집단의 동질성과 유대를 강조하는 한국 문화에서 지속적인 소속감과 상호 작용을 이끌어 낼 수 있는 <u>만남의 장임과 동시에</u> 인맥을 중시하는 한국 특유의 사회성을 잘 부각시키는 장이라 할 수 있다.

❶ 만남의 장이자 ❷ 만남의 장인들 ❸ 만남의 장이되 ❹ 만남의 장인 바

13.

속담은 주로 입에서 입으로 <u>전해졌으므로</u> 형태적으로 기억하기 쉬운 구조를 가지고 있다. 간결함과 동시에 운율이 살아있기도 하고 대구로 표현의 멋을 살리기도 한다. '그림의 떡', '윗물이 맑아야 아랫물이 맑다' 등을 그 예로 들 수 있겠다.

❶ 전해진 이상 ❷ 전해진 까닭에 ❸ 전해진 한편 ❹ 전해진 가운데

14.

연세 전자의 상반기 매출은 이미 손익분기점을 넘어서 고공 행진을 계속하고 있다. 이러한 성과는 전 세계적인 금융 위기로 경제 상황이 <u>어려운데도</u> 과감한 투자와 강도 높은 혁신 활동으로 사업 경쟁력을 강화했기 때문이라고 전문가들은 분석하고 있다.

❶ 어렵던 차에 ❷ 어려운 한편 ❸ 어려움에도 불구하고 ❹ 어려움으로 말미암아

[15-16] **다음을 읽고 물음에 답하십시오.**

담배와 관련된 여러 설화를 보면 그 이야기에 기생이 등장하는 경우가 많은데 왜일까? 그것은 당대 사람들이 담배를 요사스러운 풀로 생각했기 때문이며, 실제로 요초라고 부르기도 했다. 충북 공주 지방에 전하는 이야기에도 옛날 어떤 남자를 연모하던 기생이 (　㉠　) 입이라도 맞춰 보고 싶어 하여 죽은 기생의 넋이 무덤 위에 피어나 담배가 되었다는 이야기가 나온다. 즉, 담배는 정신과 기력을 쇠하게 하면서도 ㉡잊으려 해도 잊지 못할 요사스러운 풀이라는 것이다. 그래서 담배를 일명 상사초라고도 한다.

15. ㉠에 알맞은 것을 고르십시오.

❶ 죽거들랑　❷ 죽어서나마　❸ 죽을지라도　❹ 죽으리만치

16. ㉡과 바꾸어 쓸 때 알맞은 것을 고르십시오.

❶ 잊은들　❷ 잊으려야　❸ 잊을세라　❹ 잊으리라고

[17-18] **빈칸에 알맞은 것을 고르십시오.**

17. 가 : 이산화탄소 발생량을 줄이기 위해서는 차량 운행을 제한하는 것이 최선의 방법이라고 봅니다.
나 : 그렇다면 ________________

❶ 차량 운행을 제한하느니만 못합니다.
❷ 이미 제한을 하고 있기에 망정이지 큰일이군요.
❸ 보다 강력한 법안을 마련하는 것이 시급한 바입니다.
❹ 이산화탄소 발생으로 말미암아 시민들의 피해가 큽니다.

18. 가 : 분명히 상대팀이 먼저 반칙을 했는데 다시 한 번 항의해 봅시다.
나 : 소용없어요. ________________

❶ 상대팀이 반칙을 할 턱이 있나요?
❷ 항의를 하되 절차를 제대로 밟으세요.
❸ 심판으로 하여금 사과를 하게끔 해야 해요.
❹ 심판의 결정이 난 이상 번복은 없을 겁니다.

[19-20] **제시된 표현을 순서대로 모두 사용해서 〈 〉의 주제에 대한 문장을 만드십시오. (한 문장, 50자 내외)**

19.

〈대체 에너지 개발의 필요성〉
자원 / 고갈 / 대책 / 서두르다

20.

〈바람직한 여가 활동〉
흥미 / 파악하다 / 경제 형편 / 고려하다 / 즐기다

2회

[1-4] 다음 (　　　)에 알맞은 것을 고르십시오.

1. 법의 적용은 누구에게나 (　　　) 사건의 진상을 잘 조사하여 억울함이 없도록 해야 할 것이다.

❶ 엄격히 하되　❷ 엄격히 하거늘　❸ 엄격히 하려니와　❹ 엄격히 함으로써

2. 친구, 동료는 사라지고 경쟁자만이 존재하는 현실에서 인간적인 (　　　) 따뜻한 인사조차 나누기 힘들다.

❶ 정이나마　❷ 정은 고사하고　❸ 정 뿐만 아니라　❹ 정으로 말미암아

3. 보다 확실한 미래를 (　　　) 지금의 생활에 안주하지 말고 필요한 자격증이라도 따지 그래요?

❶ 잡겠냐마는　❷ 잡음으로써　❸ 잡는다 치고　❹ 잡으려거들랑

4. 세계 선수권 대회에서 두 차례나 메달 획득에 (　　　) 이제 감독의 자질뿐만 아니라 대표선수 선발 과정에 대한 의혹까지 제기되고 있다.

❶ 실패하자　❷ 실패하되　❸ 실패하고자　❹ 실패하기에

[5-8] 다음 밑줄 친 부분과 의미가 가장 비슷한 것을 고르십시오.

5. 최고급을 표방하며 출시된 신상품이 겉으로 보기에는 <u>평범하기만 했다</u>.

❶ 평범할 리가 없었다　❷ 평범한 듯싶었다
❸ 평범하기 짝이 없었다　❹ 평범할 턱이 없었다

6. 단시간 내에 운동효과를 <u>얻으려고</u> 무리한 운동을 하다가 관절이 망가지는 경우가 많다.

❶ 얻게끔　❷ 얻을지니
❸ 얻은 셈치고　❹ 얻으려는 나머지

7. 강풍만 불지 않았다면 불길을 빨리 잡을 수 있었을 텐데 피해가 커져 안타깝습니다.

❶ 않게끔 ❷ 않았던들
❸ 않았기로서니 ❹ 않았음으로써

8. 누구나 형편이 어려웠던 시절, 걱정이 없으셨겠냐마는 어머니는 궁핍한 내색을 하지 않으시고 우리를 키워 주셨다.

❶ 없었을망정 ❷ 없으셨기로서니
❸ 없으셨을까마는 ❹ 없으셨을지라도

[9-11] **다음을 읽고 (　　　)에 알맞은 것을 고르십시오.**

9.

최근 성공적인 직장생활에 대해 조언해 주는 책들이 서점가에서 인기를 끌고 있다. 이들이 한결같이 일러주는 사실은 성급하게 뭔가 실적을 올리려고 하지 말고 자기에게 주어진 일을 충실히 (　　　) 언젠가 기회는 올 것이며 그 기회를 놓치지 않는 것이 중요하다는 것이다.

❶ 하다 못해 ❷ 하노라면
❸ 하는 날에는 ❹ 하고 있으니 만큼

10.

이런 성격은 결단력이 강하며, 일단 결정을 내린 후에는 자신이 설정한 목표를 실현하기 위하여 강한 의지와 인내심을 발휘하여 일을 추진한다. 일을 (　　　) 하는 욕구가 강하므로 목표를 달성하기 전에는 만족하지 못한다.

❶ 마무리 짓고자 ❷ 마무리 짓다시피
❸ 마무리해 주십사 ❹ 마무리 지으려니

11.

중병으로 인해 심약해진 환자에게 시한부 선고를 한다면 환자의 상태는 더욱 나빠질 수도 있다. 하지만 고통의 시간을 (　　　) 환자 스스로가 자신의 인생을 정리할 수 있도록 미리 알려 주는 것이 바람직하다고 본다.

❶ 보내겠냐마는　　❷ 보냈으니 만큼
❸ 보냈으련마는　　❹ 보내는 한이 있더라도

[12-14] **다음을 읽고 밑줄 친 부분과 의미가 가장 비슷한 것을 고르십시오.**

12.

100원짜리 동전에 있는 충무공 이순신은 조선시대의 명장으로서 거북선을 처음 만들어 사용했으며 외세의 공격으로부터 조선을 지켰다. 투철한 조국애와 뛰어난 전략으로 적을 <u>격퇴하여</u> 역사상 가장 추앙받는 장수의 한 사람이 되었다.

❶ 격퇴한 이상　　❷ 격퇴하였건대
❸ 격퇴함으로써　　❹ 격퇴하기가 무섭게

13.

지금은 먹을 반찬이 많지만 먹을 것이 별로 없던 시절에는 김장하는 양이 엄청나게 많아 한 집에서 배추를 몇 백 포기씩 담그기도 했다. 그 많은 일을 하려면 여러 사람의 손길이 <u>필요했으므로</u> 이웃끼리 서로 도와 가며 품앗이를 했다.

❶ 필요했기에　　❷ 필요할진대
❸ 필요하니만큼　　❹ 필요하려니와

14.

화석연료에 비해서 풍력, 수력, 태양력과 같은 재생 가능한 에너지 자원을 사용하는 것은 비용이 많이 든다. 따라서 어떤 종류의 전력 자원을 개발하더라도 예산을 충분히 고려하여 계획해야 한다.

❶ 개발한들
❷ 개발할지라도
❸ 개발하는 한
❹ 개발하는 이상

[15-16] **다음을 읽고 물음에 답하십시오.**

한국갤럽에서 '예전에는 쉽게 볼 수 있었지만 지금은 사라지고 있는 것들'이라는 주제로 한국 성인 남녀를 대상으로 설문 조사를 (㉠). 오래 전에는 쉽게 볼 수 있었지만 요즘은 잘 볼 수 없거나 잊혀진 것들로 무엇이 가장 먼저 생각나는지에 대해 물었다. 단어만 들어도 추억이 떠오르고 향수가 느껴지는 많은 것들이 급격한 변화 속에서 사라지고 있다. 휴대전화가 등장하기 전 첨단 통신기기였던 '삐삐'가 사라지고 대중들의 주요 통신 수단이었던 '공중전화'가 사라지고 있다는 것은 격세지감을 느끼게 한다. 또한 '사람간의 정'이나 '넉넉한 인심'과 같이 온정이 식어버린 세태를 반영하는 답변들도 있었다. '정'을 중시하던 우리 사회의 모습도 함께 사라지는 것 같아 ㉡ 안타깝기 그지없다.

15. ㉠에 알맞은 것을 고르십시오.

❶ 할 법하다
❷ 한 바 있다
❸ 하다시피 했다
❹ 할 리가 없다

16. ㉡과 바꾸어 쓸 때 알맞은 것을 고르십시오.

❶ 안타까울 따름이다
❷ 안타까울 뻔 했다
❸ 안타까울 리가 없다
❹ 안타까울 턱이 없다

[17-18] 빈칸에 알맞은 것을 고르십시오.

17. 가 : 이번에 이뤄진 파격적인 승진인사에 대해 직원들의 불만이 많다고 들었습니다.
    나 : 그렇다고 ______________________________

❶ 인정해 주시니 감사할 따름입니다.
❷ 어디 뒷말이 없는 인사가 있던가요?
❸ 항의를 해봤자 사장님 눈 밖에 날 뿐일걸요.
❹ 승진은 고사하고 쫓겨나지 않으면 다행이지요.

18. 가 : 정부가 출산장려비도 주고 양육비도 보조해준다는데 왜 아이를 안 낳을까요?
    나 : 그러게요. ______________________________

❶ 돈을 안 주느니만 못한 듯싶어요.
❷ 이런 일은 정부가 하기 나름이라니까요.
❸ 그럼 출산율이 늘어날 법도 한데 말이에요.
❹ 양육비는 고사하고 출산이라도 하면 좋겠네요.

[19-20] 제시된 표현을 순서대로 모두 사용해서 〈　　〉의 주제에 대한 문장을 만드십시오. (한 문장, 50자 내외)

19.

〈흡연의 부정적인 영향〉
신체적 / 유발하다 / 타인 / 피해를 주다

____

____

____

20.

〈출산 장려 방안〉
정부 / 보육시설 / 확충하다 / 지원하다

3회

1. 새로 출간된 '놀이 영어'는 리듬에 맞춰 노래하듯 문장을 읽으면 자연스럽게 영어가 머릿속에 ( ) 구성된 것이 특징이다.

❶ 들어오게끔 ❷ 들어오므로 ❸ 들어오거니와 ❹ 들어오겠냐마는

2. 우리 몸의 피하지방은 추위를 견디고 에너지를 ( ) 중요한 역할을 한다.

❶ 제공하는 바 ❷ 제공하는 한 ❸ 제공하는 데 ❹ 제공하는 양

3. 모처럼 한가로이 책이라도 ( ) 울려 대는 전화벨 소리에 마음이 흐트러지곤 한다.

❶ 읽노라면 ❷ 읽던 차에 ❸ 읽는 통에 ❹ 읽을라치면

4. 문화재청의 관리 ( ) 소중한 문화유산이 위기에 처해 있습니다.

❶ 소홀로 미루어 ❷ 소홀로 말미암아 ❸ 소홀은 고사하고 ❹ 소홀은 차치하고

[5-8] **다음 밑줄 친 부분과 의미가 가장 비슷한 것을 고르십시오.**

5. 소득이 많다고 해도 저축을 하지 <u>않는 이상</u> 재산이 불어나기는 힘들다.

❶ 않는 한 ❷ 않는 양 ❸ 않는 바 ❹ 않는 한편

6. 꽃다운 나이에 불의의 사고를 당한 여배우의 소식을 들으니 <u>안타깝기 그지없습니다</u>.

❶ 안타까울 법합니다 ❷ 안타깝기 짝이 없습니다
❸ 안타깝기 나름입니다 ❹ 안타까울 턱이 없습니다

7. 앞서 <u>말씀드렸다시피</u> 마련된 기금은 소년소녀가장을 위해 쓰일 예정이오니 적극 협조해 주시기 바랍니다.

❶ 말씀드렸으므로 ❷ 말씀드림으로써
❸ 말씀드렸다 치고 ❹ 말씀드린 바와 같이

8. 신화는 사라진 옛날의 이야기가 아니라 한 민족의 마음 밑바닥에 간직된 <u>의식이요</u>, 철학인 것이다.

❶ 의식이자 ❷ 의식인 바 ❸ 의식이냐 ❹ 의식이려니와

[9-11] **다음을 읽고 ( )에 알맞은 것을 고르십시오.**

9.

> 인천시는 인천 시청 앞 광장을 월드컵 거리 응원에 참여하는 시민들과 단체에 개방한다. 광장의 조성 목적이 ( ) 건전하게 여가를 즐기고 문화 활동을 할 수 있도록 함에 있으니만큼 상업적 목적이 아닌 자발적인 응원은 적극 환영한다고 밝혔다.

❶ 시민이랍시고 ❷ 시민이면 몰라도 ❸ 시민들로 하여금 ❹ 시민으로 말미암아

10.

> 요즘 아이들은 태어나자마자 무엇이든 배워야 한다. 그러나 무리한 조기교육은 많은 문제점을 낳기도 한다. 어려서부터 경쟁을 시작하게 되므로 아이들이 심한 스트레스를 ( ) 성격도 난폭해지고 자신밖에 모르는 이기주의자가 되기도 한다.

❶ 받거니와 ❷ 받거들랑 ❸ 받을망정 ❹ 받아서야

11.

> 꿈을 향한 탄광 소년이 펼치는 웃음과 감동의 드라마! 가난한 탄광 마을의 소년이 아버지의 ( ) 세계 최고의 발레 학교에 입학하기까지의 험난한 과정을 그린 감동적인 실화! 2010년 아카데미 최우수 작품상 후보에 오른 최고의 화제작! 기대하셔도 좋습니다.

❶ 반대로 미루어 ❷ 반대를 무릅쓰고
❸ 반대는 고사하고 ❹ 반대로 말미암아

[12-14] **다음을 읽고 밑줄 친 부분과 의미가 가장 비슷한 것을 고르십시오.**

12.

서울시 서초동 가정법원 옆에 위치한 '김미선 가정상담소'. 13년째 상담소를 운영해 오고 있는 소장 김미선 씨는 위기를 맞은 부부들과 10년 넘는 세월을 동고동락하고 있다. 위치가 위치인지라 밀려드는 상담에 고단하고 <u>힘들 것 같은데</u> 늘 얼굴에 함박웃음을 지으며 일하고 있다.

❶ 힘든 판인데　　❷ 힘들 따름인데
❸ 힘든 가운데　　❹ 힘들 법도 한데

13.

한 정보기술 전문 인터넷신문이 본인 확인제 즉, 실명제를 거부해 화제가 되고 있다. 관련 법규에 따르면 하루 방문자 수가 10만 명을 넘을 경우 제한적으로 본인 확인제 의무대상이 되는데, 이 신문사 대표는 표현의 자유를 제약하는 실명제를 <u>하느니</u> 차라리 댓글을 없애겠다는 입장이다.

❶ 할라치면　　❷ 할까마는
❸ 할 바에야　　❹ 하는 날에는

14.

어린아이에게 태양을 그려보라고 하면 아이들은 마치 <u>약속이라도 한 것처럼</u> 빨간색 크레용을 손에 쥐고 둥근 해를 그린 다음, 그 주변에 점점으로 퍼져나가는 광선 모양을 그려 넣는다. 그 이유는 무엇일까?

❶ 약속을 하던 차에　　❷ 약속이나 한 듯이
❸ 약속하기가 무섭게　　❹ 약속이겠거니 하고

[15-16] **다음을 읽고 물음에 답하십시오.**

대학의 발전에 기여한 사람에게 입학 시 혜택을 주는 기여 입학제에 대한 논란이 (㉠) 서울의 한 사립대학이 이 제도를 추진 중에 있어 귀추가 주목되고 있다. 대학 관계자는 대학의 고유 권한인 학생 선발권, 대학의 재정 확보를 통한 교육시설 확충과 장학금 확대 등을 도입 추진 이유로 들고 있지만 이 제도는 사회적 불평등을 조장한다는 부정적인 면이 있다. 기여 입학의 적용 대상이 명시적이고 기부금의 사용처가 ㉡분명하다고 해도 기부금을 전제로 한 기여 입학제의 도입은 한국인의 정서상 아직 시기상조임에 분명하다.

15. ㉠에 알맞은 것을 고르십시오.

❶ 뜨거운 통에 ❷ 뜨거울 지경에 ❸ 뜨거운 까닭에 ❹ 뜨거운 가운데

16. ㉡과 바꾸어 쓸 때 알맞은 것을 고르십시오.

❶ 분명할지라도 ❷ 분명하려니와 ❸ 분명하니만큼 ❹ 분명하겠냐마는

[17-18] **빈칸에 알맞은 것을 고르십시오.**

17. 가 : 이번 영화제에서 다들 감독님의 작품이 최우수상을 받을 거라고 예상하고 있습니다.
나 : 글쎄요. ________________________

❶ 예상하시다시피 상을 받을 리 만무합니다.
❷ 최우수상이면 몰라도 가능성이 별로 없을 듯싶어요.
❸ 워낙 출품작들이 우수하니만큼 자신할 수만은 없네요.
❹ 상을 받은 셈 치고 다음 작품에 최선을 다 하겠습니다.

18. 가 : 외국어 학습을 위한 조기유학은 나이가 어릴수록 좋을 것 같아.
나 : 과연 그럴까? ________________________

❶ 아이가 원한다면 그만이지 뭐.
❷ 어리다손 치더라도 유학을 안 보낼 수는 없지.
❸ 아이들로 하여금 외국어에 흥미를 느끼게끔 해야 돼.
❹ 아이가 낯선 환경에 적응 못하면 안 보내느니만 못할 수 있어.

[19-20] **제시된 표현을 순서대로 모두 사용해서 〈　　〉의 주제에 대한 문장을 만드십시오. (한 문장, 50자 내외)**

19.

〈올바른 인터넷 예절〉
상대방 / 불쾌감 / 비난하다 / 존중하다

20.

〈한자 교육의 필요성과 효과〉
절반 이상 / 한자 어휘 / 어휘력 / 이해하다

4회

[1-4] 다음 (　　　)에 알맞은 것을 고르십시오.

1. 이번 참사는 온 국민이 마치 자신의 (　　　) 가슴 아파하고 있습니다.

❶ 일인 바　　❷ 일인 양　　❸ 일이므로　　❹ 일인 셈치고

2. 어머니가 잔뜩 준비해 놓은 회초리를 (　　　) 나는 모든 게 들통 났다는 걸 직감했다.

❶ 보되　　❷ 보자　　❸ 보자니　　❹ 보노라면

3. 한국과 프랑스 정부가 도서 반환에 대한 협정문에 정식으로 (　　　) 문화재급 도서가 다수 국내로 돌아오게 됐다.

❶ 서명한 이상　　❷ 서명해서야　　❸ 서명함으로써　　❹ 서명한 가운데

4. 살인 혐의로 조사를 받다가 도망친 용의자가 도주한 지 일주일 만에 (　　　) 발견돼 수사가 원점으로 돌아왔다.

❶ 숨진 채　　❷ 숨졌기에　　❸ 숨졌거니와　　❹ 숨진 마당에

[5-8] 다음 밑줄 친 부분과 의미가 가장 비슷한 것을 고르십시오.

5. 새 교육정책이 실시된 후에도 많은 학부모들은 사교육비가 과거보다 줄어들기는커녕 더 증가하기만 해서 힘들다고 느끼고 있다.

❶ 줄어드는 가운데　　❷ 줄어들겠거니 하고

❸ 줄어든다손 치더라도　　❹ 줄어드는 건 고사하고

6. 처음엔 무슨 얘긴가 싶겠지만 계속 읽다 보면 작가의 상상력이 빚어낸 판타지의 세계로 빠져들고 만다.

❶ 읽거니와　　❷ 읽노라면　　❸ 읽을지니　　❹ 읽건마는

7. 사표를 내려고 하니 애들 학비 걱정이 앞서고 그냥 참고 다니려니 자존심 상하는 일이 었다.

❶ 내자니 ❷ 내다 못해 ❸ 낼지라도 ❹ 내겠답시고

8. 새끼들이 비에 젖을까 봐 두 날개로 꼭 품어 안고 있는 어미 새의 모습은 진짜 감동적이었다.

❶ 젖은들 ❷ 젖겠거니 ❸ 젖을세라 ❹ 젖을지언정

[9-11] 다음을 읽고 ( )에 알맞은 것을 고르십시오.

9.

우리는 비가 많이 오는 자연환경 속에 살기 때문에 우리말에는 비를 나타내는 갖가지 말이 있다. 가랑비, 보슬비, 여우비, 장대비 등등. 그런데 산업사회로 접어들면서 농사의 값어치가 ( ) 비를 대수롭지 않게 여기는 세상이 되어선지 이런 말들을 다양하게 쓰지 않는 듯하다.

❶ 떨어진 판에 ❷ 떨어진 한편 ❸ 떨어진 까닭에 ❹ 떨어진 마당에

10.

인터넷이 사람들의 생활에 이렇게 깊이 ( ) 예측한 사람들은 많지 않다. 불과 얼마 전만 해도 컴퓨터를 통해 정보를 공유할 수 있을 거라는 말을 비웃는 사람이 많았다.

❶ 침투하는 가운데 ❷ 침투하리라고 ❸ 침투하였으므로 ❹ 침투하는 셈치고

11.

비타민의 가장 좋은 섭취 방법은 우리가 먹는 식품을 통해서이다. 채식과 육식이 골고루 들어간 식단을 ( ) 채소와 과일을 지금보다 더 많이 먹는다면 최상이다. 과일도 한 가지만 먹지 말고 계절에 따라 다양하게 섭취하는 것이 좋다.

❶ 짜되 ❷ 짜게끔 ❸ 짤까마는 ❹ 짤뿐더러

[12-14] 다음을 읽고 밑줄 친 부분과 의미가 가장 비슷한 것을 고르십시오.

12.

대기업은 연봉이 높고 복리후생이 잘 되어 있는 까닭에 취업준비자들이 너도나도 입사하려고 드는데, 무엇보다도 자기가 정말 하고 싶은 일을 할 수 있고 아울러 자신의 능력을 충분히 발휘할 수 있는 곳인지 먼저 살펴봐야 한다.

❶ 잘 되어 있으므로
❷ 잘 되어 있을지라도
❸ 잘 되어 있는 가운데
❹ 잘 되어 있는 건 차치하고

13.

성의 상품화가 왜곡된 성 문화를 조장할 위험을 안고 있는데도 우리 사회는 마치 이를 어쩔 수 없는 시대의 흐름인 것처럼 내버려 두고 있다. 심지어 성의 상품화를 부추기는 경향도 없지 않은 게 현실이다. 이런 사회적 분위기는 자라나는 청소년들의 성 의식과 가치관을 혼란스럽게 한다.

❶ 안고 있기에
❷ 안고 있는 통에
❸ 안고 있는 까닭에
❹ 안고 있음에도 불구하고

14.

요즘 부모들은 자녀들에게 일을 시키지 않는 경향이 있다. 경제적으로 여유가 있는 가정에서는 더욱 그러하므로 노동이 신성하다는 것을 교과서에서만 배우고 실제로 땀 흘려 일하는 경험을 전혀 쌓지 않고 성장하는 젊은이들이 많다.

❶ 그러한지라
❷ 그러하건마는
❸ 그러하거니와
❹ 그러할까마는

[15-16] 다음을 읽고 물음에 답하십시오.

사람들이 함께 일하다보면 사람들 사이에 오해와 의사소통의 문제가 (㉠   ). 지나치게 친밀한 접촉이 짜증스러울 수도 있고 너무 자주 보게 되면 서로에 대해 인내심이 없어지기도 한다. 또한 서로를 당연시 ㉡여기는 탓에 의사소통을 하기 위한 충분한 노력을 기울이지 않기도 한다. 이런 까닭에 사람들 사이에 적당한 거리감을 유지할 필요가 있다. 사실 우리는 상대방을 잘 몰라서가 아니라 너무 친숙함으로 인해서 상처를 주는 경향이 있기 때문이다.

15. ㉠에 알맞은 것을 고르십시오.

❶ 생기기 나름이다 ❷ 생길 법하다
❸ 생기기 일쑤이다 ❹ 생길 판이다

16. ㉡과 바꾸어 쓸 때 알맞은 것을 고르십시오.

❶ 여기는 한편 ❷ 여길 뿐더러
❸ 여기는 마당에 ❹ 여기는 나머지

[17-18] 빈칸에 알맞은 것을 고르십시오.

17. 가 : 얼마 전에 복원 공사가 끝난 사찰 건물에 문제가 생겼다고요?
나 : 저도 들었어요. ________________

❶ 문제가 생길 리가 없잖습니까?
❷ 책임자를 문책해야하다마다요.
❸ 문제가 발견된 이상 철저한 원인 조사가 이뤄져야지요.
❹ 복원 공사를 서둘러 했기에 망정이지 큰일 날 뻔했군요.

18. 가 : 어깨통증으로 고생하신다더니 좀 어떠세요? 물리치료는 잘 받고 계신가요?
나 : 치료를 받긴 하는데 ________________

❶ 좋아지다마다요.
❷ 귀찮으리만치 자주 받아요.
❸ 일에 몰두하노라면 무감각해지겠지요.
❹ 업무량을 줄이면 몰라도 별로 나아지는 것 같지 않아요.

[19-20] 제시된 표현을 순서대로 모두 사용해서 〈　　〉의 주제에 대한 문장을 만드십시오. (한 문장, 50자 내외)

19.

〈화재 예방〉
사소하다 / 방심 / 대형 / 철저하다

20.

〈지도자의 덕목〉
변화 / 주도하다 / 현실 / 냉철하다/ 직시하다

5회

[1-4] 다음 (   )에 알맞은 것을 고르십시오.

1. 공사 마무리를 제대로 하지 않아 비가 오면 도로가 진흙탕이 (   ).

❶ 될 따름이다 ❷ 되기 일쑤이다 ❸ 될 턱이 없다 ❹ 되면 그만이다

2. 총탄이 빗발치듯 (   ) 소대장은 부하를 구하기 위해 위험을 무릅쓰고 달려 나갔다.

❶ 날아오는 통에 ❷ 날아오는 가운데 ❸ 날아오는 날에는 ❹ 날아오기가 무섭게

3. 다행히 노조가 농성을 풀어 공장이 정상적으로 (   ) 수출에 큰 차질을 빚을 뻔했다.

❶ 가동되는 한편 ❷ 가동되면 몰라도
❸ 가동됐으니만큼 ❹ 가동됐기에 망정이지

4. 아무리 동생이 성가시고 (   ) 동생을 때려서는 안 된다고 타일러도 소용이 없었다.

❶ 귀찮을진대 ❷ 귀찮을까마는 ❸ 귀찮다 못해 ❹ 귀찮다손 치더라도

[5-8] 다음 밑줄 친 부분과 의미가 가장 비슷한 것을 고르십시오.

5. 범인은 현장 검증에서 고개를 푹 숙이고서 사건 당시 상황을 재연했다.

❶ 숙인 채로 ❷ 숙일 망정
❸ 숙인 나머지 ❹ 숙이는 둥 마는 둥

6. 면접관 앞에서 쩔쩔매며 허둥거렸던 첫 면접 때의 내 모습은 다시 생각하기조차 싫을 정도로 어수룩한 사회 초년생의 모습 그 자체였다.

❶ 싫거니와 ❷ 싫은 듯이
❸ 싫다 못해 ❹ 싫으리만치

7. 사춘기에 접어든 아이는 늘 뭔가 못마땅한 얼굴로 인사도 제대로 하지 않고 제 방에 들어가 버리곤 해요.

❶ 할락 말락　❷ 하랴 마랴　❸ 하느냐 마느냐　❹ 하는 둥 마는 둥

8. 우리 주변에 아무리 많은 사전이 있다고 해도 그것을 찾아보는 수고를 아낀다면 그 귀중한 지식들이 내 것이 될 수 없다.

❶ 있어 봤자　❷ 있거니와　❸ 있다 한들　❹ 있다 못해

[9-11] **다음을 읽고 (　　　)에 알맞은 것을 고르십시오.**

9.

이제는 더 이상 '친환경적'이라는 말로 포장된 무분별한 (　　　) 우리의 세계적 자연 유산인 낙동강 하구가 더 이상 파괴되지 않기를 간절히 희망하며, 다음과 같은 조치를 정부가 실천에 옮겨 주기를 청원하는 바입니다.

❶ 개발로 말미암아　❷ 개발을 무릅쓰고　❸ 개발은 차치하고　❹ 개발에도 불구하고

10.

글을 효과적으로 읽기 위해서 독자는 자신이 (　　　) 글의 내용과 형식을 어느 정도 알아야 한다. 이는 독자가 그 글에 알맞은 독서 방법을 선택하는 데 도움이 된다.

❶ 읽는 바　❷ 읽는 가운데　❸ 읽고자 하는　❹ 읽겠거니 하는

11.

우리는 문학 작품을 통해서 다른 사람의 삶과 현실을 접하곤 한다. 작품 속 사회와 대화하면서 우리 자신의 현실을 (　　　) 우리가 누리고 있는 문화에 대해서 새로운 의미를 생각해 보기도 한다.

❶ 되짚어 보되　❷ 되짚어 보게끔　❸ 되짚어 본답시고　❹ 되짚어 보는 한편

[12-14] 다음을 읽고 밑줄 친 부분과 의미가 가장 비슷한 것을 고르십시오.

12.

공동주택에서 애완동물을 기르는 것은 개인의 자유이다. 따라서 다른 사람의 안전을 위협하지 <u>않는 이상</u> 악어를 기르든 강아지를 기르든 그 사람의 자유 의사에 맡겨야 한다고 생각한다.

❶ 않는 한 ❷ 않는 데
❸ 않은 양 ❹ 않은 채

13.

우리는 어떤 문화적 현상을 바라볼 때 객관적인 사고를 갖추어야 한다. 어떤 사회의 문화는 그 사회가 처해 있는 특수한 환경과 상황에 적응해 온 역사적 과정에서 <u>나온 것이므로</u> 그 나름대로의 가치를 가지고 있음을 간과해서는 안 된다.

❶ 나온 것인들 ❷ 나온 것인 바
❸ 나온 것이되 ❹ 나온 것인 양

14.

기여 입학제란 특정 학교에 물질을 무상으로 기부하여 현저한 재정적 공로를 세운 경우나 대학의 설립 또는 발전에 비물질적으로 기여하는 공로가 있는 사람의 직계자손에 대해 일정한 기준에 따라 입학이 <u>가능하도록</u> 특혜를 주는 제도를 말한다.

❶ 가능하게끔 ❷ 가능하건마는
❸ 가능하기에 ❹ 가능하리라고

[15-16] **다음을 읽고 물음에 답하십시오.**

대학에서 지역 주민들을 위한 사회사업의 일환으로 대학 박물관을 개방해서 좋은 반응을 얻고 있다. 지역주민에게 박물관을 (㉠) 소장품에 대한 해석을 제공하는 것에서부터 관람자에게 의미있는 교육적 경험을 제공하는 것이다. 따라서 국립 박물관이 없는 지역이나 문화 시설이 빈약한 곳에 사는 주민들에게는 ㉡기회일뿐더러 문화 체험의 기회가 된다. 그러므로 더욱 다양한 교육 프로그램 개발에 노력한다면 대학 박물관이 지역 사회에서도 훌륭한 교육 기관으로 자리 잡을 수 있을 것이다.

15. ㉠에 알맞은 것을 고르십시오.

❶ 개방하고자 ❷ 개방하기로서니 ❸ 개방함으로써 ❹ 개방하는 날에는

16. ㉡과 바꾸어 쓸 때 알맞은 것을 고르십시오.

❶ 기회이자 ❷ 기회이기에 ❸ 기회인지라 ❹ 기회이건마는

[17-18] **빈칸에 알맞은 것을 고르십시오.**

17. 가 : 지난 선거 유세 때 보니까 한국당 후보가 여성들을 위한 육아 휴직을 법제화하겠다고 하던데요.
나 : 그러면 뭐해요? ______________________

❶ 한국당을 지지해 주십사 하고 발벗고 나서야지요.
❷ 투표는 고사하고 선거 유세에도 관심이 없는데요.
❸ 법제화해 봤자 회사 눈치 보여서 못 할 게 뻔한데요.
❹ 휴직을 하는 한이 있더라도 여성이 육아를 책임져야지요.

18. 가 : 가정교육을 어떻게 시켰길래 저렇게 반듯하게 자랐을까요?
나 : 글쎄 말이에요. ______________________

❶ 부럽기 짝이 없네요.
❷ 타고난 성품인 듯싶어요.
❸ 부모가 하기 나름이라잖아요.
❹ 반듯하다 못해 융통성이 너무 없는 게 흠이지요.

[19-20] **제시된 표현을 순서대로 모두 사용해서 〈　　〉의 주제에 대한 문장을 만드십시오. (한 문장, 50자 내외)**

19.

〈진정한 봉사의 의미〉
대가 / 자발적 / 형식적 / 헌신하다

20.

〈다이어트 방법〉
효과적 / 건강 / 유지하다 / 피하다

부록

모범 답안
유형별 연습문제 지문
종합 연습문제 지문
색인

모범 답안

◆ 문법 알아보기 모범 답안

ㄱ

001 **-거늘**

1. 이렇게 애타게 찾고 있거늘 도대체 어디로 사라졌단 말인가?
2. 의리를 지키는 것이 중요하거늘 이렇게 우리의 믿음을 저버릴 수 있는가?
3. 그동안 온 가족이 병원 뒷바라지로 고생하는 것을 봤거늘 그 정성을 모르랴.

002 **-거니와**

1. 김 부장은 능력도 있거니와 대인 관계도 좋아 평판이 좋다.
2. 동시통역사가 되려면 언어능력이 뛰어나야 하거니와 체력과 순발력도 매우 중요하다.
3. 논문의 주제도 주제거니와 자료의 적절성에 대한 문제 제기가 있었다.

003 **-거들랑**

1. 이번 발표도 내용이 부실하거들랑 주의를 줍시다.
2. 잘 해보려는 성의를 보였거들랑 부족해도 나무라지 마세요.
3. 부장이 쓸데없는 간섭을 하거들랑 한 마디 하세요.

004 **-건대**

1. 서로 조금씩 양보하면 문제가 해결될 겁니다.
2. 이제는 돌이킬 수 없는 상황입니다.
3. 진실을 말씀해 주십시오.

005 **-건마는**

1. 물가가 계속 오르건마는 정부 당국은 별 다른 대책을 세우지 못하고 있다.
2. 밤을 새워 준비를 했건마는 너무 긴장해 면접 시험에서 실력 발휘를 못 한 것 같다.
3. 10년 동안 동고동락했던 동료이건만 회사를 그만 둔다니 무척 섭섭하다.

006 **-게끔**

1. 국민들이 신뢰하게끔
2. 환자나 보호자가 불안해하지 않게끔
3. 소비자가 만족하게끔

007 **-겠거니 하다**

1. 못 알아듣겠거니 하는
2. 당연히 참석하겠거니 하고
3. 대학생이겠거니 했는데요.

008 **-겠냐마는**

1. 희귀한 자료라서 구하기 쉽겠냐마는 찾아 봐야지.
2. 일이 잘못된 데에 사정이 없었겠냐만 먼저 죄송하다고 사죄를 하는 게 도리다.
3. 사랑에 나이 차이가 무슨 상관이겠냐만 전혀 신경 쓰이지 않는 건 아니다.

009 **-고자**

1. 부동산 세법 변경을 위해 시민들의 의견을 수렴하고자
2. 불우한 환경의 청소년들을 위한 기금을 마련하고자
3. 혈액 순환 개선에 효능이 있는 신약을 개발하고자

010 **-기 그지없다**

1. 한 사람의 잘못으로 많은 사람이 손해를 입게 되니 억울하기 그지없군요.
2. 한복을 곱게 차려 입은 신부의 모습은 아름답기 그지없었다.
3. 식구들이 모두 보는 앞에서 망신을 당하고 보니 분하기 그지없었다.

011 **-기 나름이다**
1. 노력하기 나름이야.
2. 쓰기 나름입니다.
3. 사람 나름이지요.

012 **-기 십상이다**
1. 살을 뺀 후에도 계속 운동을 하지 않으면 다시 살이 찌기 십상이에요.
2. 혼자 막무가내로 일을 처리하다 보면 문제가 생기기 십상이다.
3. 부실하고 실현성 없는 공약을 내놓았다가는 유권자들에게 외면당하기 십상입니다.

013 **-기 일쑤이다**
1. 정신없이 일을 하다 보면 식사 때를 놓치기 일쑤예요.
2. 회의 준비를 제대로 하지 않으면 지적당하기 일쑤이다.
3. 7형제 중에 막내였던 제 의견은 무시당하기 일쑤였습니다.

014 **-기 짝이 없다**
1. 정든 직장을 떠나려니 섭섭하기 짝이 없습니다.
2. 먹을 것이 없어 죽는 아이들을 보니 안타깝기 짝이 없더군요.
3. 대견하기 짝이 없네요.

015 **-기가 무섭게**
1. 출퇴근 시간에는 지하철 문이 열리기가 무섭게 사람들이 타고 내려요.
2. 음반이 발매되기가 무섭게 날개 돋친 듯 팔리고 있다.
3. 개각 예상 보도가 나오기가 무섭게 정가에는 누가 입각할지 소문이 돌기 시작했다.

016 **-기로서니**
1. 아무리 게임을 하고 싶기로서니 어린 나이에 벌써 그런 행동을 하다니요.
2. 직장 상사가 트집을 좀 잡았기로서니 사표를 내는 건 너무하지 않아요?
3. 아무리 교사의 권위가 땅에 떨어졌기로서니 그런 일이 있을 수가 있나요?

017 **-기에**
1. 딸기가 싱싱하고 맛있어 보이기에 한 상자 사 가지고 왔어요.
2. 어디에서 놀았기에 옷이 그렇게 엉망이 됐니?
3. 모처럼 박물관 구경을 갔는데 정기휴관일이기에 아쉽지만 발길을 돌려야 했다.

018 **-기에 망정이지**
1. 가방에 우산이 있었기에 망정이지 옷이 다 젖을 뻔했어요.
2. 안전벨트를 했기에 망정이지 안 그랬으면 크게 다쳤을지도 몰라요.
3. 일찍 발견했기에 망정이지 큰일 날 뻔했군요.

ㄴ

019 **-노라면**
1. 포기하지 말고 열심히 사노라면 희망이 보일 거예요.
2. 반복해서 찬찬히 읽노라면 저자의 의도를 파악할 수 있을 겁니다.
3. 일정한 속도로 계속 걷노라면 잡념도 잊게 되고 몸도 가벼워지는 것 같습니다.

020 **-느냐 -느냐**
1. 돈이 있느냐 없느냐가 행복의 첫 번째 조건이 아닌데요.
2. 우승을 하느냐 못 하느냐가 중요한 건 아니에요.
3. 부모냐 사랑이냐를 두고 고민하는 내용이 많지요.

021 **-느니**
1. 혼자서 불안해 하느니 모든 걸 털어 놓고 처벌을 받으세요.
2. 돈을 주고 청탁을 하느니 사업을 접는 쪽을 택할 겁니다.
3. 일찍 일어나 아침을 먹느니 좀 더 자는 쪽이 낫지요?

022 **-느니만 못하다**
1. 안 하느니만 못한 것 아닌가요?
2. 안 받느니만 못할 것 같아요.
3. 하지 않느니만 못하다고 한다.

023 **-느니만큼**
1. 두 번째 도전이니만큼
2. 갈수록 환경오염이 심각해지고 있으니만큼
3. 역사적인 연구 가치가 큰 유물이니만큼

024 **-는 가운데**
1. 웃고 즐기는 가운데 어느새 마칠 시간이 다 되었네요.
2. 우리들은 무슨 일인지도 모르고 어리둥절한 가운데 교무실로 불려갔다.
3. 경찰병력이 투입된 가운데 집회가 연일 이어지고 있다.

025 **-는 건 차치하고**
1. 음식 값을 내는 건 차치하고 잘 먹었다는 인사도 하지 않더군요.
2. 전후사정을 묻는 건 차치하고 소리부터 지르는 바람에 설명할 겨를이 없었다.
3. 병문안을 오는 건 차치하고 (병문안은 차치하고) 한 마디 위로의 전화도 없는 건 정말 서운하다.

026 **-는 까닭에**
1. 예상치 못한 상황이 발생한 까닭에 사람들이 우왕좌왕하게 됐어요.
2. 제주도는 화산섬인 까닭에 대부분의 해안은 암석으로 이루어져 있다.
3. 유권자의 한 표 한 표가 소중한 까닭에 투표권 행사를 독려해야 합니다.

027 **-는 날에는**
1. 건강을 잃는 날엔
2. 또 다시 낙제를 하는 날엔
3. 사실이 밝혀지는 날엔

028 **-는 데**
1. 동호회 활동은 인간관계를 넓히는 데 많은 도움이 될 거예요.
2. 일상생활이 가능한 수준의 외국어 실력을 갖추는 데 최소한 1년 정도는 필요하다고 봅니다.
3. 머리 아픈 데 먹는 약도 처방전이 필요한가요?

029 **-는 둥 마는 둥**
1. 합격자 발표 걱정에 자는 둥 마는 둥 해서
2. 잔소리를 하면 그때서야 청소만 겨우 하는 둥 마는 둥 해요.
3. 닦는 둥 마는 둥 해서 그렇지 뭐.

030 **-는 듯싶다**
1. 너무 튀는 듯싶어 점잖은 색의 옷으로 갈아입었어요.
2. 표정을 보니 그 이야기를 이미 들은 듯싶어서 아무 말도 하지 않았다.
3. 오랜 시간이 지난 사건이고 연관된 이들이 사망한 경우가 많아 진실 규명이 어려울 듯싶습니다.

031 **-는 듯이**
1. 빨간 물감을 부어 놓은 듯이 산 전체가 단풍으로 물들어 있었다.
2. 자기가 주인인 듯이 허락도 없이 냉장고에서 음식을 꺼내 먹네요.
3. 연설 내용이 지루한 듯(이) 하품을 하더니 졸기 시작했다.

032 **-는 마당에**
1. 자기도 아픈 마당에
2. 굶어 죽는 사람들도 있는 마당에
3. 신뢰가 깨진 마당에

033 **-는 바**
1. 유학생활을 한 바 있어서 의사소통에는 큰 어

려움이 없습니다.
2. 전화상으로 말씀드린 바와 같이 계약금을 내일까지 입금해 주십시오.
3. 이 사업에 우리가 기여한 것에 대한 합당한 대가를 요구하는 바입니다.

034 **-는 셈치고**
1. 자식 하나 없는 셈치고
2. 그냥 먹은 셈치고
3. 산책하는 셈치고

035 **-는 양**
1. 영화 속 주인공이 된 양 옷깃을 올리고 담배를 피우고 있다.
2. 무슨 대단한 일이라도 하는 양 비장한 얼굴로 이야기를 하더군요.
3. 그 아줌마가 주인인 양 당당하게 얘기하던데 아니었어요?

036 **-는 이상**
1. 경기에 참가한 이상 우승을 위해서 노력해야지요.
2. 계약서에 서명을 한 이상 계약내용을 수정할 수 없다.
3. 내가 책임자인 이상 근무 태만은 용납할 수 없습니다.

037 **-는 통에**
1. 사람들이 갑자기 몰려드는 통에 제대로 구경도 못했다니까요.
2. 서로 갖겠다고 싸우는 통에 똑같은 것 하나 더 사주고 말았다.
3. 옥상에서 물을 뿌리는 통에 널어놓은 빨래가 다시 젖었어요.

038 **-는 판이다**
1. 먹고살기도 어려운 판인데 대학원 공부를 계속 해야겠어요?
2. 거래처에서 대금 결제를 못 받으면 당장 부도가 날 판이에요.
3. 새로 오는 일꾼들이 일이 고되다고 사흘도 못 가서 그만두는 판이에요.

039 **-는 한**
1. 인터넷 실명제를 하지 않는 한 악성 댓글을 사라지지 않을 겁니다.
2. 특별한 사정이 없는 한 꼭 참석하도록 하십시오.
3. 자세를 바로 잡지 않는 한 어깨 통증은 계속 재발할 겁니다.

040 **-는 한이 있더라도**
1. 사표를 쓰는 한이 있더라도
2. 모든 것을 잃어버리는 한이 있더라도
3. 일을 하다가 쓰러지는 한이 있더라도

041 **-는 한편**
1. 고객들에게 사은 행사를 알리는 전화를 거는 한편 안내지도 배포하고 있다.
2. 정부는 에너지 절약 정책을 추진하는 한편 조직축소도 검토 중입니다.
3. 수해로 인한 피해상황을 조사하는 한편 침수된 주택과 농경지에 대한 복구 작업도 병행하고 있다.

042 **-는다 치다**
1. 10년 넘게 소식이 없는데 이젠 죽은 사람이라 치고 이제 더 기다리지 말아요.
2. 부모는 너를 믿는다 쳐도 다른 사람들이 그 말을 믿어 주겠니?
3. 내가 말실수를 좀 했다 치더라도 어떻게 그렇게 심한 말을 할 수 있어요?

043 **-는다손 치더라도**
1. 실수로 회사에 손해를 입혔다손 치더라도 해고당하지는 않을 거예요.
2. 아무리 배가 고프다손 치더라도 수업시간에 김밥을 먹으면 안 돼요.
3. 휴가 중이라손 치더라도 급한 일이 생기면 출근해야지요.

044 –는답시고
1. 집안일을 돕는답시고 오히려 엄마를 귀찮게 해 드린 것 같았다.
2. 연예인이 되겠답시고 공부는 안 하고 외모에만 신경을 써요.
3. 학벌이 좀 좋답시고 얼마나 거만한지 주변의 눈총을 받을 정도예요.

045 –는댔자
1. 훈련을 했댔자 얼마나 했겠어요?
2. 싸댔자 얼마나 싸다고 멀리까지 찾아가겠어요?
3. 지지자랬자 소수의 젊은 층뿐이에요.

046 –는지라
1. 대기실에서 많이 기다린다.
2. 거스를 수가 없었다.
3. 다시 보고 싶지 않았다.

ㄷ

047 –다 못해
1. 눈물이 다 났다.
2. 사표를 냈습니다.
3. 좀 도와주게 되었다.

048 –다마다
1. 가다마다요.
2. 괜찮다마다요.
3. 그럼, 우리 딸 솜씨가 최고다마다!

049 –다시피 하다
1. 준비를 하느라고 이번 주에 계속 밤을 새우다시피 하고 있어요.
2. 한 사무실에서 일한다고 매일 붙어 다니다시피 해서 그래요.
3. 거의 울다시피 간청을 하는데 거절을 할 수가 있어야지요.

050 –던 차에
1. 전화를 걸려고 하던 차에 마침 연락이 와서 사정을 말씀드렸어요.
2. 유학준비를 하던 차에 우연히 선배한테 좋은 학교를 소개 받았다.
3. 어떻게 하면 아이가 다양한 채소를 섭취할 수 있을까 생각하던 차에 알게 된 요리법입니다.

051 –되
1. 게임을 하되 시간을 정해 놓고 하도록 하세요.
2. 투자를 하되 한 곳에 집중적으로 하는 건 피하세요.
3. 음식을 골고루 드시되 술은 가급적 삼가셔야 합니다.

ㅇ

052 –어 봤자
1. 신고해 봤자 소용도 없을 거예요.
2. 부탁해 봤자 안 된다고 할 거예요.
3. 감기가 심해 봤자 쓰러지기까지 하겠어요? 괜찮을 거예요.

053 –어 주십사 하다
1. 유학을 가게 되었는데 추천서를 좀 써 주십사 (하고)
2. 저희 가게를 자주 찾아 주십사 (하고)
3. 다시 한 번 검토해 주십사 하고 부탁 말씀드리러 왔습니다.

054 –어서야
1. 이렇게 천천히 일을 해서야
2. 어려운 처지의 친구를 외면해서야
3. 이렇게 편식을 해서야

055 –었던들
1. 구급차가 조금만 더 빨리 도착했던들
2. 준비를 완벽하게 했던들
3. 인간관계를 잘 했었던들

056 에 비추어

1. 세계적인 흐름에 비추어 볼 때 녹색 기술 개발을 서둘러야 합니다.
2. 헌법의 기본 정신에 비추어 보면 낙태 행위는 불법이라고 볼 수밖에 없다.
3. 예년의 수확량에 비추어 볼 때 올해도 평년과 같은 수준이 예상됩니다.

057 에도 불구하고

1. 의학의 눈부신 발전에도 불구하고 (의학이 눈부시게 발전했음에도 불구하고) 여전히 불치병으로 죽어가는 사람들이 많다.
2. 국제 유가 하락에도 불구하고 (국제 유가가 하락하고 있음에도 불구하고) 국내 석유 값은 떨어지지 않고 있다.
3. 가격 경쟁력을 갖추고 있음에도 불구하고 소비자들의 눈길을 끌지 못하는 원인을 분석해야 한다.

058 –으나마

1. 부족하나마 피해 지역에 도움이 되었으면 합니다.
2. 간단하나마 이것으로 수상소감을 대신하겠습니다.
3. 서투르나마 제 솜씨를 보여 드리고 싶었습니다.

059 –으랴 –으랴

1. 아이 학교 보내랴 제 출근 준비하랴 전쟁터가 따로 없답니다.
2. 학교 알아보랴 비자 신청하랴 눈 코 뜰 새 없이 바쁘네요.
3. 고객 상담하랴 불만 해결하랴 정신이 없네요.

060 –으랴마는

1. 혼자 유학생활을 하는 어려움이 없었으랴마는 잘 헤쳐 나갔다.
2. 상위권 입상이 가능하랴마는 끝까지 최선을 다하도록 해야지요.
3. 당장 손해 볼 걸 알면서 투자할 사람이 있으랴만 장기적인 안목으로 보면 투자할 만도 하다.

061 –으려나

1. 행사는 별 탈 없이 진행되고 있으려나.
2. 꼼꼼한 부장님이 이런 기획안을 결재해주시려나.
3. 아무도 발언을 하지 않는 걸 보면 더 이상 반대하지 않으려나 보다.

062 –으려니 하다

1. 뭐 신경 쓰이는 일이 있으려니 해.
2. 다들 다른 사람이 나가려니 했겠지요.
3. 멀리 도망가지 못했으려니 했나 봐요.

063 –으려니와

1. 신제품은 품질도 좋으려니와 가격도 꽤 비쌀 것이다.
2. 그 후보를 지지하려니와 후원도 아끼지 않겠다.
3. 사람들의 달라진 태도도 태도려니와 주변의 비난을 참기 어려웠다.

064 –으려야

1. 잊으려야 잊을 수가 없네요.
2. 믿으려야 믿을 수가 없습니다.
3. 외우려야 외울 수가 없다.

065 –으련마는

1. 알았으면 나도 갔으련만.
2. 선약을 취소할 수 있으면 좋으련만 그건 곤란해요.
3. 서로 자주 대화 하면 그런 일이 없으련만 안타깝네요.

066 으로 말미암아

1. 정치 불안으로 말미암아 외국인 투자가 감소하고 있다.
2. 짙은 안개로 말미암아 고속도로가 마비상태에 빠졌다고 합니다.
3. 예산 부족으로 말미암아 내년도 복지 혜택이 줄어들 거라는 전망입니다.

067 으로 미루어

1. 지금까지의 상황으로 미루어 좋은 결과를 기

대하기는 어렵겠습니다.
2. 평소의 성격으로 미루어 볼 때 그런 거짓말을 할 리가 없다.
3. 그동안의 주가 변동 상황으로 미루어 보면 당분간 하락세가 이어질 것 같다.

068 **으로 하여금**
1. 소비자로 하여금 현명한 판단을 할 수 있게 충분한 정보를 제공해야 한다.
2. 청소년들로 하여금 꿈과 희망을 가질 수 있도록 용기를 주자.
3. 교사들의 행정 업무를 줄여 교사들로 하여금 수업 준비에 더욱 충실할 수 있도록 해야 합니다.

069 **–으리라고**
1. 새해에는 담배를 끊으리라고 마음먹었다.
2. 이번 대회에서 우승 소식을 전해주리라고 믿고 있습니다.
3. 재벌가의 일원인 분이 그렇게 검소하리라는 생각은 전혀 못했다.

070 **–으리만치**
1. 물도 못 삼키리만치 목이 부었다.
2. 잠시도 앉아 있을 수가 없었으리만치 많은 손님들로 정신없는 하루였어요.
3. 네티즌의 의견들이 정책 결정에 영향을 주리만치 그 힘이 커지고 있다.

071 **–으면 그만이다**
1. 정성껏 준비했으면 그만이지요. 걱정 마세요.
2. 맛있으면 그만이지 뭐.
3. 우리 아들이 마음에 들어 하면 그만이지요. 다른 바람은 없습니다.

072 **–으면 몰라도**
1. 월급을 두 배쯤 주면 몰라도
2. 복권에 당첨되면 몰라도
3. 부모님 건강이 나빠지시면 몰라도

073 **–으므로**
1. 과반수이상의 찬성표를 얻었으므로 법안이 무사히 통과되었다.
2. 오늘 오후에는 황사가 심하므로 외출을 삼가시기 바랍니다.
3. 대출금 상환 방법은 여러 가지이므로 자신의 처지에 맞는 것을 알아 볼 필요가 있다.

074 **은 고사하고**
1. 화환은 고사하고 축하한다는 전화 한 통 없었어요.
2. 하지만 실패하면 승진은 고사하고 회사에서 쫓겨날지도 몰라요.
3. 독립을 하는 건 고사하고 (독립은 고사하고) 용돈이라도 스스로 해결했으면 좋겠어요.

075 **–은 나머지**
1. 기쁜 나머지 눈물을 흘리고 말았어요.
2. 며칠 밤을 새운 나머지 과로로 병원에 입원했다고 하네요.
3. 너무 피곤한 나머지 정신없이 잤거든요.

076 **–은 채로**
1. 선풍기를 켜 놓은 채로 잠이 들면 죽을 수도 있어요.
2. 손발이 묶인 채 죽어 있었습니다.
3. 편지 한 장만 남긴 채 나가버렸대.

077 **–은들**
1. 아무리 재산이 많은들 돈으로 행복을 살 수 있겠어요?
2. 진심으로 사과한들 그 사람 마음을 돌릴 수 있겠어요?
3. 부모인들 자식을 자기 뜻대로 할 수 있겠습니까?

078 **–을 대로**
1. 그는 도시 생활에 지칠 대로 지쳐서 시골로 내려가기로 결심했다.
2. 계속되는 실패로 연구에 대한 애정이 식을 대

로 식어 버렸습니다.
3. 잦은 부부 싸움으로 인해 둘의 관계는 악화될 대로 악화되었다.

079 -을 따름이다
1. 그런 기적이 일어나다니 놀라울 따름이에요.
2. 죄송할 따름입니다.
3. 도와주시겠다니 고마울 따름입니다.

080 -을 리가 없다
1. 실수를 하셨을 리가 없어요.
2. 명단에 없을 리가 없어요.
3. 널 잊었을 리가 있겠니?

081 을 무릅쓰고
1. 장애를 무릅쓰고 열심히 노력하여 수석의 영광을 차지했다.
2. 살을 에는 추위를 무릅쓰고 정상까지 험난한 길을 걸어갔다.
3. 사람들에게 당할 수모를 무릅쓰고 기자회견장에 나왔대요.

082 -을 바에
1. 그런 사람과 결혼할 바에
2. 중간에 그만둘 바에
3. 고속도로가 막혀서 고생할 바에야

083 -을 법하다
1. 손님이 올 법도 한데
2. 쉬고 싶을 법도 한데
3. 미선 씨 정도면 합격했을 법한데요.

084 -을 여지가 없다
1. 이미 이사회에서 논의가 끝나서 더 검토할 여지가 없습니다.
2. 다른 방법을 선택할 여지가 없었습니다.
3. 제가 보기엔 개선의 여지가 없어 보이는데요.

085 -을 지경이다
1. 인원이 부족해 지금 수고하시는 분들이 몸살이 날 지경입니다.
2. 예상보다 돈이 많이 들어 어떻게 마련할까 고민하다 보니 머리가 빠질 지경이네요.
3. 몇 시간째 계속되는 행군에 다리도 아프고 목도 말라서 쓰러질 지경이다.

086 -을 턱이 없다
1. 시험에 붙을 턱이 없지.
2. 알 턱이 없었다.
3. 이번에도 준비했을 턱이 없지.

087 -을까마는
1. 누군들 제 자식이 예쁘지 않을까마는 지나치면 해가 되는 법이다.
2. 본 사람이 아무도 없을까마는 목격자는 아직 나타나지 않고 있습니다.
3. 사장님이 지시한 일을 여태 하지 않았을까마는 확인해 보는 게 좋겠지요.

088 -을라치면
1. 엄마 몰래 친구들이라도 만날라치면 늘 길에서 엄마를 만나요.
2. 모처럼 일찍 퇴근이라도 할라치면 꼭 술 약속이 생겨 아내에게 미안하다.
3. 저도 한 마디 할라치면 그때마다 다른 친구가 먼저 말해버려서 속상해요.

089 -을락 말락 하다
1. 서먹서먹했던 아이들이 겨우 친해질락 말락 하는데 일정이 끝나 버려서 아쉬워요.
2. 두 사람은 무슨 비밀 얘기를 하는지 들릴락 말락 한 작은 소리로 속삭였습니다.
3. 주변이 소란스러워지니 아기가 잠이 깰락 말락 하는지 자꾸 뒤척이고 있네요.

090 -을망정
1. 나이가 어릴망정 그 아이 나름대로 생각한 것이 있을 테니 들어봐야지.
2. 시험에 떨어졌을망정 그리 낙심할 상황은 아니다.

3. 불우한 어린 시절이었을망정 잠깐씩 웃으며 떠올릴 순간이 없는 건 아니다.

091 **–을뿐더러**

1. 이번에 나온 신제품은 별로 달라진 것이 없을뿐더러 값만 비싸졌다.
2. 연극은 사람들에게 재미와 감동을 줄뿐더러 메말라가는 감성을 되살아나게 해준다.
3. '청소년 쉼터'는 방황하는 아이들에게 제공되는 숙소일뿐더러 조언자를 만날 수 있는 상담의 공간이기도 하다.

092 **–을세라**

1. 혹시 선생님의 말 한마디라도 놓칠세라 학생들 모두 열중해서 듣는다.
2. 고객들의 마음이 떠날세라 세심한 부분까지 신경 쓰고 있습니다.
3. 행여 자기 자식이 경쟁에서 뒤쳐질세라 자식 뒷바라지에 신경을 쏟고 있다.

093 **–을지니**

1. 배움의 길은 끝이 없을지니 나이는 핑계에 불과합니다.
2. 유혹에 약한 것이 인간일지니 늘 스스로를 되돌아 봐야 한다.
3. 부모의 믿음을 저버리지 못할지니 반드시 약속을 지킬 것입니다.

094 **–을지라도**

1. 비록 이길 수 없을지라도 경기를 포기할 수 없습니다.
2. 어떤 위협이 있을지라도 비밀을 지키겠습니다.
3. 성공 가능이 낮을지라도 꼭 해 볼만한 수술이라고 봅니다.

095 **–을지언정**

1. 회사 문을 닫을지언정
2. 나는 못 배웠을지언정
3. 거절당했을지언정

096 **–을진대**

1. 흉악한 범죄자라도 인간일진대 가족이 그립지 않겠습니까?
2. 어린 아이라도 나름대로 생각이 있을진대 그렇게 무시하면 안 됩니다.
3. 멸종 위기에 놓인 동물을 모두가 함께 지켜야 할진대 어찌 그리 무관심하단 말인가?

097 **–음으로써**

1. 다양한 시각 자료를 활용함으로써 학생들의 흥미를 유도할 수 있다.
2. 좋은 습관은 꾸준한 노력을 함으로써 형성되는 것입니다.
3. 의원의 과반수가 반대표를 던짐으로써 법안이 부결되고 말았습니다.

ㅈ

098 **–자**[1]

1. 개인 정보 유출 사건이 연이어 발생하자 정부 차원의 대책이 발표되었습니다.
2. 회사가 자금난으로 어려움을 겪자 사원들이 자발적으로 월급을 반납했다.
3. 미국 중앙은행의 금리 인하 소식이 전해지자 투자자들이 일제히 주식을 팔기 시작했다지요?

099 **–자**[2]

1. 꼼꼼한 성격은 그 사람의 장점이자 단점이라고 할 수 있다.
2. 바다는 어민들의 생활터전이자 휴식처와 같은 곳입니다.
3. 어머니는 저의 친구이자 제 삶의 등불이셨습니다.

100 **–자니**

1. 어린 아이를 학원에 혼자 보내자니 영 불안합니다.
2. 장관을 해임하자니 마땅한 후임자가 없고 그대로 두자니 국민들의 반대 여론이 심해서 어

떻게 해야 할지 모르겠네요.

3. 문제가 없는 것처럼 덮자니 이미 인터넷에 소문이 퍼져 어쩔 수 없었습니다.

◆ 유형별 연습문제 모범 답안

Ⅰ. 빈칸에 알맞은 문법 고르기

1	❶	2	❷	3	❶	4	❶	5	❶	6	❷	7	❶	8	❸
9	❷	10	❸	11	❹	12	❹	13	❶	14	❷	15	❶	16	❶
17	❷	18	❷	19	❸	20	❷								

Ⅱ. 밑줄 친 부분과 비슷한 의미의 문법 고르기

1	❸	2	❷	3	❹	4	❸	5	❸	6	❸	7	❹	8	❶
9	❷	10	❹	11	❶	12	❹	13	❷	14	❹	15	❸	16	❷
17	❶	18	❷	19	❶	20	❸								

Ⅲ. 글을 읽고 빈칸에 알맞은 문법 고르기

1	❸	2	❷	3	❶	4	❹	5	❹	6	❶	7	❷	8	❷
9	❸	10	❹	11	❸	12	❹	13	❷	14	❹	15	❶	16	❸
17	❸	18	❸	19	❶	20	❷								

Ⅳ. 글을 읽고 밑줄 친 부분과 비슷한 의미의 문법 고르기

1	❶	2	❸	3	❷	4	❹	5	❸	6	❹	7	❶	8	❹
9	❷	10	❹	11	❷	12	❸	13	❹	14	❶	15	❷	16	❶
17	❹	18	❹	19	❸	20	❶								

Ⅴ. 긴 글을 읽고 질문에 답하기

[1]				[2]				[3]				[4]			
1	❹	2	❹	1	❸	2	❸	1	❸	2	❹	1	❶	2	❹
[5]				[6]				[7]				[8]			
1	❹	2	❸	1	❶	2	❸	1	❹	2	❷	1	❹	2	❶
[9]				[10]				[11]				[12]			
1	❹	2	❶	1	❶	2	❷	1	❷	2	❹	1	❹	2	❹

Ⅵ. 대화 완성하기

1	❸	2	❹	3	❹	4	❹	5	❷	6	❹	7	❸	8	❷
9	❹	10	❸	11	❶	12	❸	13	❹	14	❸	15	❷	16	❷
17	❸	18	❹	19	❹	20	❹								

Ⅶ. 틀린 문장 찾기

1	❸	2	❷	3	❷	4	❸	5	❷	6	❶	7	❹	8	❸
9	❶	10	❷												

Ⅷ. 제시된 표현을 사용하여 문장 만들기

1. 1) 자동차 매연을 줄이기 위해서는 대중교통을 이용해야 **할뿐더러 (할 뿐만 아니라)** 대체 에너지 개발도 서둘러야 한다.
   2) 자동차 매연**으로 인한** 대기오염을 막기 위해서는 대중교통 이용을 장려하는 한편 대체 에너지 개발도 서둘러야 한다.
2. 1) 지연이나 학벌에 얽매**이다 보면** 올바른 선택을 하**는 데** 어려움이 따르**게 마련이다**.
   2) 지연이나 학벌에 얽매이**는 한** 올바른 선거 문화가 정착**될 리 만무하다**.
3. 1) 언론은 사실을 보도하**는 데** 그치지 않고 권력을 비판함**으로써** 정치권력을 견제해야 한다.
   2) 언론의 사명은 사실 보도에 그치는 것이 아니**거니와** 권력을 비판하고 견제해야 함도 기억해야 한다.
4. 1) 예상하지 못한 질문은 받**더라도** 당황하지 말고 자신감 넘치는 태도로 답변하는 것이 좋다.
   2) 예상하지 못한 질문을 받았**을지라도** 당황하지 말고 미리 준비 **한 듯이** 자신감 있는 태도를 잃지 말아야 한다.
5. 1) 버스와 지하철의 노선을 확대하**는 한편** 서비스를 개선**함으로써** 대중교통을 이용하**게끔** 유도해야 한다.
   2) 버스나 지하철과 같은 대중교통 노선을 확대해야 **할뿐더러 (할 뿐만 아니라)** 서비스의 질적 개선을 통해 시민들**로 하여금** 대중교통을 이용하도록 유도해야 한다.
6. 1) 노인 인구가 급속하게 증가**함으로써** 노동력이 감소**함에 따라** 생산력이 저하되**리라고** 예상하고 있다.
   2) 노인 인구의 급속한 증가**에 따라** 노동력이 감소되**거니와** 이**로 말미암아** 생산력 또한 저하되는 문제가 있다.
7. 1) 신체적으로는 각종 질병을 예방해 **줄뿐더러 (줄 뿐만 아니라)** 정신적으로는 스트레스를 푸**는 데** 큰 효과가 있다.
   2) 걷기 운동은 신체적으로는 각종 질병을 예방해 주**는 한편** 정신적으로는 스트레스를 풀어주**니 만큼** 매우 효과적인 운동이라 할 수 있다.
8. 1) 소비자가 올바른 선택을 하**게끔** 정보를 전달하**는 반면** 소비자를 현혹시켜 구매를 부추기**기 일쑤이다**.
   2) 소비자**로 하여금** 올바른 선택을 할 수 있도록 정보를 전달하**는 반면** 소비자를 현혹시키**기 일쑤이다**.
9. 1) 남편이 가사분담을 해 **준다손 치더라도** 집안 일하**랴** 아이교육에 신경쓰**랴** 몸이 두 개라도 모자라는 게 주부의 현실이다.
   2) 가사분담이 제대로 되지 않**는 까닭에** 집안일도 집안일**이려니와** 아이 교육까지 감당하느라 시간이 모자**랄 지경이다**.
10. 1) 미래의 후손에게 아름다운 자연을 물려주는 것은 시민들이 환경 보존에 관심을 쏟**느냐** 쏟지 않**느냐**에 달려 있다.
    2) 지구의 미래는 후손들에게 깨끗한 자연을 물려주**고자** 하는 시민들이 얼마나 관심을 쏟**느냐**에 달려있다.
11. 1) 고학력 여성의 증가**로 인해** 여성의 사회 진출이 활발해**짐으로써** 결혼연령이 높아지고 이**에 따라** 저출산 문제가 야기되고 있다.
    2) 고학력 여성의 사회 진출이 활발해지고 있**는 가운데** 초혼 연령이 지속적으로 높아지고 있고 이**로 말미암아** 저출산 문제가 야기되었다.
12. 1) 운동 경기에 임하는 선수들은 정정당당하게 경쟁하**되** 심판의 판정에 승복하는 것이 진정한 스포츠 정신이라 할 수 있다.
    2) 선수들은 정정당당하게 경쟁하**는 한편** 심판의 판정이 공정하지 못**할지라도** 판정이 내려**진 이상** 결과에 승복하는 자세를 가져야 한다.
13. 1) 어린 나이에 유학을 보내**고자** 할 때 본인의 의사를 우선적으로 고려하지 않**는 한** 조기 유학은 실패**할 여지가 많다**.
    2) 성공적인 조기 유학은 적절한 나이와 본인의 의사가 가장 중요하니 만큼 이를 고려하지 않으면 보**내 봤자** 실패하**기 십상이다**.
14. 1) 맞벌이 가정과 저소득층 자녀들은 부모의 관리가 소홀**한 까닭에** 인터넷 중독에 빠지기 십상이다.
    2) 맞벌이 가정이나 저소득층의 경우 부모의 관리가 소홀**한지라** 인터넷 게임에 빠지**다시피 하는** 청소년들이 많다.

15. 1) 학교 교육의 미래는 학부모들의 신뢰를 얻**느냐** 못 얻**느냐**에 달려 있다.
2) 학교가 학생과 학부모의 신뢰를 얻지 못하**는 한** 공교육의 미래는 어둡기만 할 것이다.

16. 1) 매달 열심히 일해 받은 월급으로 꼬박꼬박 저축**한들** 내 집을 장만하기가 힘든 현실에서 희망을 갖고 살기란 **여간** 힘들**지 않다**.
2) 쥐꼬리만 한 월급으로 열심히 저축**해 봤자** 내 집 한 채 장만하기 힘**들진대** 무슨 희망으로 살아 갈 것인가?

17. 1) 갑작스러운 사고가 발생했을 때 경제적 부담을 덜어 주**거니와** 노후의 안정적인 생활을 보장해주**니 만큼** 가입하는 것이 좋을 듯싶다.
2) 갑작스럽게 발생한 사고**로 인한** 경제적 부담을 줄여**줄뿐더러 (줄 뿐만 아니라)** 노후에 걱정없이 생활하**게끔** 보장해주**므로** 반드시 필요하다.

18. 1) 눈이 부시**리만치** 성장하고 있는 의료 기술은 인간의 수명 연장에 청신호를 보내고 있다.
2) 의학 분야가 눈부시게 성장**함으로써** 인간은 수명 연장의 꿈을 실현할 수 있게 되었다.

19. 1) 생산자와 소비자를 연결해 주**는 한편** 수요와 공급을 조절해**줌으로써** 가격을 결정하**는 데** 중요한 역할을 한다.
2) 생산자와 소비자를 연결시켜주는 장**이자** 수요와 공급을 조절하여 가격을 결정하는 통로이다.

20. 1) 일상에서 벗어남으로써 자신을 돌아보**게끔** 해 주**거니와** 여러 경험**을 통해** 자신을 성장시켜주**는 데** 여행의 진정한 의미가 있**는 듯싶다**.
2) 일상으로부터 벗어나**고자** 떠나는 여행은 자신을 돌아보게 하고 다양한 경험을 할 수 있**는 바** 인간의 정신적 성장에 도움이 된다.

◆ 종합 연습문제 모범 답안

[1회]

1	❸	2	❹	3	❹	4	❶	5	❹	6	❶	7	❹	8	❸
9	❹	10	❷	11	❶	12	❶	13	❷	14	❸	15	❷	16	❷
17	❸	18	❹												

19. 1) 전 세계적으로 필요한 자원의 고갈이 우려**됨에 따라** 기존 에너지원을 대신할 다양한 대책 마련을 서둘러야 할 때이다.
 2) 지구상의 에너지 자원 고갈이 예상되**는 바,** 전 세계가 힘을 합해 대책을 서둘러 마련해야 하**리라고** 본다.

20. 1) 자신의 흥미가 무엇인지 파악해야 하**거니와** 경제 형편도 고려해야 여가 시간을 충분히 즐길 수 있다.
 2) 자신의 흥미를 정확히 파악하**되** 경제 형편을 고려해야 여가를 즐길 수 있**을 듯싶다**.

[2회]

1	❶	2	❷	3	❹	4	❶	5	❸	6	❹	7	❷	8	❸
9	❷	10	❶	11	❹	12	❸	13	❶	14	❷	15	❷	16	❶
17	❸	18	❸												

19. 1) 신체적으로는 각종 질병을 유발**할뿐더러** 주변의 타인에게 간접흡연**으로 인한** 피해를 줄 수 있다.
 2) 신체적으로 암과 같은 병을 유발하**는 건 차치하고** 타인에게까지 큰 피해를 줄 수 있**으므로** 조심해야 한다.

20. 1) 갈수록 떨어지는 출산율을 다시 높이**고자** 정부는 보육시설을 확충하고 육아비를 지원하는 등 대책을 강구하고 있다.
 2) 정부는 부족한 보육시설을 만족할만한 수준으로 확충**함으로써** 출산 가정을 지원할 기반 조성에 힘쓰고 있다.

[3회]

1	❶	2	❸	3	❹	4	❷	5	❶	6	❷	7	❹	8	❶
9	❸	10	❶	11	❷	12	❹	13	❸	14	❷	15	❹	16	❶
17	❸	18	❹												

19. 1) 상대방이 불쾌감을 느끼지 않**게끔** 욕설이나 비난하는 글을 자제해야 하**거니와** 상대방을 존중하는 태도를 가져야 한다.
 2) 상대방에게 불쾌감을 줄 수 있는 태도나 비난하는 글을 삼가**는 한편** 서로를 존중하는 마음과 자세를 가져야 한다.

20. 1) 우리말의 절반 이상이 한자 어휘로 되어 있**는 바,** 한자 교육을 **함으로써** 어휘력을 향상시킬 수 있**을뿐더러** 어휘의 의미를 정확하게 이해할 수 있다.
 2) 우리말의 절반 이상을 한자 어휘가 차지하고 있**느니만큼** 한자교육은 어휘력 향상과 어휘의 의미를 정확하게 이해하**는 데** 도움이 된다.

[4회]

1	❷	2	❷	3	❸	4	❶	5	❹	6	❷	7	❶	8	❸
9	❸	10	❷	11	❶	12	❶	13	❹	14	❶	15	❸	16	❹
17	❸	18	❹												

19. 1) 사소한 방심**으로 인해** 대형 화재가 발생하는 일이 많**으니만큼** 항상 철저한 점검이 요구됩니다.
2) 사소한 방심이 초래한 대형 화재가 많**으므로** 전기배선이며 전열 기구며 문제가 없는지 철저히 확인하는 습관이 필요하다.

20. 1) 우리가 원하는 지도자 상은 변화와 개혁을 주도하**는 가운데에서도** 현실을 냉철하게 직시할 줄 아는 균형감각을 갖추고 있는 것이다.
2) 지도자는 거대한 시대의 변화에 부닥**칠지라도** 상황을 주도하**는 한편** 현실을 냉철하게 직시할 수 있어야 할 것이다.

[5회]

1	❷	2	❷	3	❹	4	❹	5	❶	6	❹	7	❹	8	❸
9	❶	10	❸	11	❹	12	❶	13	❷	14	❶	15	❸	16	❶
17	❸	18	❶												

19. 1) 대가를 받**고자** 하는 것이 아니라 자발적으로 하**되** 형식적인 태도를 벗어나 타인을 위해 헌신하는 마음을 가져야 한다.
2) 남을 돕**되** 대가를 바라지 않고 자발적으로 해야 하**거니와** 형식적으로 하기보다 헌신하는 마음을 갖**는 데** 진정한 봉사의 의미가 있다.

20. 1) 효과적인 다이어트를 위해서는 적절한 운동**을 통해** 건강을 유지**함으로써** 잘못된 다이어트**로 인한** 부작용을 피해야 한다.
2) 다이어트를 효과적으로 하**자면** 평소의 건강을 유지하도록 노력하**는 한편** 지나치게 무리한 계획은 피하는 것이 바람직하다.

지문

◆ 유형별 연습문제 지문

Ⅳ.

1. Many of the unemployed fail to get a job because they don't lower their expectations. Big companies do offer many advantages, but it might be better to work in a small company to build a career and gain experience than not to get an opportunity to demonstrate one's ability, or to be promoted in a big company full of talented people.

2. Changdeokgung was designated as a world cultural heritage by UNESCO in 1997 on the grounds that it still maintains original architecture and its beautiful arrangement is in harmony with nature. We need to take good care of it, as it is designated as a world heritage.

3. The words 'globalization' and 'internationalization' can be heard everywhere. To try to keep pace with the trend, people are enthusiastic about studying abroad or sending their children abroad to study. Some governments are being pushed to open the market for import under the name of globalization.

4. Generally, writing a diary is a sort of conversation with oneself under assumption that nobody hears it. But '00 diary' published recently is a little different. Since it is written on an internet home page, it is 'a conversation with oneself' and at the same time it can be an intentional 'conversation with others'.

5. By not only explaining history of an area, cultural assets, and natural ecology to tourists, but also providing various information, 'cultural tour guide' plays a great role in improving the quality of culture tours and encouraging tourists to come back again.

6. Even though mad cow disease threatens the whole world, we only know that the protein 'prion' is a factor causing the disease. Since no treatments for curing have been found, we still rely on preventive care.

7. Communication is a source generating mental vitality, which is essential to human life. Without communication, our life would be meaningless. No communication, whether among people or societies, can make us feel dead, even though we are alive.

8. As many western sports pour into Korea in the 20th century, Ssireum, a traditional Korean sport, is not very popular in Korea any more. It is because Ssireum, which is played only in Korea, is thought to be simply an old sport by the younger generation and lost its popularity and competitiveness.

9. Child-rearing is not assigned to women simply because they are innately gentle and introverted. It is because past generations have been given tasks such as running a home, raising children, and supporting a husband, and even complimented as having virtues when they do these things well.

10. The marine industry, which is usually affected by global economy, has been suffering from the current economic crisis. The government introduced actions to support the industry immediately. The stock prices started soaring as soon as the actions were announced.

11. Some teenagers are rude and their obnoxious behavior tries a teachers' patience. It is thought to be a basic principle that, under any circumstances, teachers should remain calm and rational. But when they face cases beyond their control, they may sometimes express frustration, since they are only human. Difficulty as a teacher is that they can not just but consider the educational aspect.

12. The bottled water market showed a growth of 4%, even though the purchasing power decreased and the economic growth slowed due to the economic crisis. Awareness of water that is good to health is growing among consumers. Experts expect the market to keep growing in the future.

13. After a month's backpacking travels, I felt that it would be better for young people to take action rather than regret not even trying. Someone said that one should be brave and adventurous rather than hesitant.

14. The real estate market is slow while the sweltering heat is relentless daily. There are very few transactions due to the heat and the vacation season. To make things worse, tough loan conditions are causing prices of real estate, including apartments, to go down.

15. There were various events to celebrate the 12th annual 'Farmer's Day'. At the ceremony, farmers working hard under difficult situations were complimented, and 30 national merits were given various awards, including the president's award, for their contribution to agricultural development.

16. Urban air pollution is being worsened because of increased dust and sulfurous acid gas, and streams and rivers are being contaminated everyday due to a huge inflow of domestic sewage. A variety of control plans of the water quality to prevent contamination is required to be established and acted, in order to solve urban environmental problems.

17. One of the virtues of a leader is their crisis management ability. A leader should display good judgment during a crisis, prepared to deal with any negative consequence which may arise. He should also be meticulous and confident of his own decisions.

18. I had a cup of coffee on the way to work because I couldn't resist its aroma, another cup of coffee at the idea meeting, and, after work, a third cup of coffee with a friend whom I hadn't seen for a long time. I

thought three cups wouldn't be a problem, but I couldn't sleep all night.

19. The Seoul city government passed the plan of a crematorium expansion without the consent of residents in our district. Therefore, in order to oppose the plan, which will greatly infringe our rights to property and the environment, we are submitting our opinions in writing, hoping you will make every effort to reexamine the plan.

20. You cannot win Yut by simply throwing yut sticks well. Strategies are essential to win the game. You need to move tokens through short cuts without getting killed by others. You might put your tokens together so that they can move as one and get home together.

V.

1. The lack of adequate housing and the aggravation of the residence environment has become a problem in developing countries where urbanization is faster than in developed countries in the excess of the overcrowded population. To solve the problem, the government is trying to provide more housing through land development, while re-developing old houses of the urban center. However, housing for the people with a low income can hardly be improved, as the newly built housing is primarily apartments which they cannot afford.

2. According to the National Statistics Office, Korea has firefighters at a ratio of 1:2,082 citizens. In Japan, it is 1:841, and 1:208 in the USA. Our firefighters have 10 times the burden of those in the USA. Last year, 20 firefighters died and 250 were injured in action. They work in a very poor environment, even though their work is closely related to our lives and safety. The government should increase expenditure to improve their work conditions and enable them to work with pride in a safer way.

3. We can see there is wisdom in expressions that people use every day for easy and better communication. Idioms and proverbs particularly reflect the ways to express simple and honest feelings. Idioms are expressions that already became familiar to all Koreans by expressing something specific always in that way. For example, people express a short distance by saying 'within a stone's throw,' or a fast passage of time with 'time flies like an arrow.' Since many Korean idioms are Korean culture which was created by people who spoke the same language a long time ago, they express the Korean way of thinking in a charming manner.

4. Going on a journey, especially when travelling overseas, can make people very excited. However, things can sometimes happen unexpectedly from the moment you step into the new world. Nobody anticipates that everything will go perfectly in a foreign country. However, visitors may not want to go back to the country ever again should inconveniences become unbearable. If a country does not make efforts to help visitors

overcome inconveniences, tourists will no longer visit the country and the goal to become a popular travel location will not be achieved.

5. So I ask you, rats. What is your job? Who raised you and where did you come from? Only you dig holes to steal. A thief usually comes from outside. How dare you harm the owner, staying inside the house? You make many holes so that you can run around the house all day long, from a bedroom to the kitchen and the living room, and then to another bedroom. You can even make a hole on a hard surface to get inside of a box. Some of your holes in the chimney sometimes allow smoke to escape from the corners. You are a thief because you steal food and drink. I can understand you doing this to fill your belly, but why on earth ruin clothes?

6. Along with Shimchung-jun and Choonhyang-jun, Honggildong-jun is one of the most representative classics of Korea. Honggingdong is the name of the hero who is a righteous thief. Honggildong was of noble blood but faces many hierarchical obstacles because of the fact that he is a son of concubine. In the story, there is a description about him: when he reached 8 years old, he was so smart that he understood one hundred things when he was taught only one thing. His father was very proud of it, but he scolded Gildong whenever Gildong called him 'father' and his elder brother 'brother'. Gildong who showed his talent in this way was about to accomplish his dreams but could not overcome obstacles arising from the hierarchical system of the Joseon Dynasty. Frustrated and depressed about his situation, he left his house and joined a group of thieves.

7. There are two ways to negotiate when settling a conflict: both parties get what they want, or only one party gets what it wants. For the former outcome, both parties have to concede part of what they want and consider what the other party is interested in. In the second case, a party tries to maximize its own interest, even by causing damage to the other party in the latter case. Here, both parties become aggressive, so the negotiation proceeds with difficulty. Therefore, the former way may do both parties good.

8. As you can see from the examples mentioned earlier, what is considered to the traditions of the people cultures that we need to inherit were the product resulting from our efforts to create new ideas by breaking down old customs. We all know that King Sejong created Korean letters and made Humminjeongum in such a way. If he backed down against the pressure of conservative scholars, would we ever have been able to enjoy this great masterpiece?

9. Once, an officer from the Ministry of Education joked that Korea has more doctors in French literature than France does. Some people ask me why teaching a second language like French is necessary, when English is enough to communicate everywhere. As a teacher of French literature, I feel sad when people ask me this, even though I can ignore the officer's comment. I would like to emphasize to these people that learning French is not just for travel or business. Furthermore, it is not the language only that the students majoring in French learn in the university.

10. In our life, no moment is of no importance. Some people may remember specific moments important in

their lives, but every moment has its own meaning. At any moment we can not stop our breath or pulse, but we often forget the importance of our breathing and pulse. Time is not the only thing. There may be nothing on the earth that is meaningless or useless. If anything is of no use or importance, it would have died away by now and no longer exist.

11. Since farmers chose the right timing for farming by seeing the movement of celestial bodies, astronomy has had a close relationship with agriculture for a long time. We see that it was also associated with politics, from the fact that astrology which ancient countries used to foresee a country's fortune is valued in ancient countries Being aware of the importance of astronomy, Queen Sundeok in the Silla Dynasty ordered to build Cheomseongdae to observe the sky. The Cheomseongdae is one of the most representative cultural heritages in Kyungju. It proves that Silla had a high level of scientific technology. As one of the oldest observatories in the Orient, it has great value in both history and science.

12. An introverted person usually has very little confidence. He/she feels a lack of self-esteem as if there were something lacking. He/she is likely to suffer from an inferiority complex and often feel a sense of defeat because he/she does not try something due to a lack of courage. These characteristics may hinder some introverted individuals from participating in social activities, leading them to depression. Not all introverted persons feel frustrated and depressed. Many of them work hard to try and overcome any problems that may arise because of their characteristics. This attitude is a good weapon to help them cope with the life. It can be said that they are destined to work harder.

◆ 종합 연습문제 지문

[1회]

12. Koreans have countless rituals and gatherings. In the Korean culture which prioritizes homogeneity and the strong bond of a group over the values of an individual, a ritual is a means of meeting for people to feel a sense of membership and interact with one another. At the same time, it highlights the social relationship unique in Korea where sociality is highly valued.

13. Spread by word of mouth, proverbs have a structure that is easy to remember. They are simple, often rhyme, or include couplet expressions. Good examples are 'a pie in the sky' and 'as is the king, so is the people.'

14. In the first half of this year, the sales of Yonsei Electronics has already surpassed the break-even point and is going through the roof. According to experts, its achievement has resulted from bold investment and strengthened competitiveness through highly innovative activities, in spite of difficult situations due to the global financial crisis.

15-16

Geishas play a part in many stories and myths relating to tobacco. Why is this? It is because people back then considered tobacco as an evil weed and actually called it 'yocho,' which translates as "the wicked grass". According to an old story in Gongju, Chungbuk, a geisha who had a crush on a man, died wishing that she could only have a kiss with him even when she's dead, after which tobacco plants grew on her grave. That is, tobacco is a wicked grass which you can not possibly avoid, even when you lose your mental and physical health. This is why tobacco is called 'sangsacho,' which means "the lovesick grass".

[2회]

12. An Admiral from Joseon, Yi Soon-shin, inscribed on one side of the 100-won coin, invented and employed Geobukseon, a turtle ship, and protected Joseon from the invasion of Japan. Crushing the enemy with strong patriotism and brilliant strategies, he became the most admired general in Korean history.

13. When there were no other side dishes, we used to make a great amount of kimchi, sometimes using as many as 100 cabbages. As it took a lot of work, neighbors would take turns, helping each other.

14. Compared to fossil fuel, renewable energy sources, including wind, water, solar power, are very expensive. Development of any type of power source requires a specific plan, taking budget into consideration.

15-16

Gallup Korea had conducted a survey on Korean adults with a theme, 'things that were common but now are disappearing.' Respondents mentioned different things that were once everywhere but are now forgotten or disappearing amidst rapid change. Just hearing the word of some of these things triggers nostalgic memories. 'Beepers,' which were a cutting-edge communication device before the spread of mobile phones, have gone. 'Public phones' were once a major means of communication, but now they are much less noticeable. We are really amazed at how times have changed. Some of the respondents said that a 'strong bond between people' and 'generous minds' are also nowhere to be seen, indicating that our society is absent of compassion. It is a true shame that our society used to value 'compassion' but these virtues are disappearing with other things.

[3회]

12. The 'Kim Mi-Seon Family Counseling Office' is located next to the family court in Seocho-dong, Seoul. For the past thirteen years, director Kim Mi-Seon has helped couples in crisis. Despite a heavy work load, due to the location, she is always full of smiles.

13. An online newspaper that specializes on information and technology has rejected the system of checking users' real names, which is drawing much attention. According to acts and regulations, a website with more than 100,000 visitors per day is partially subject to the policy of checking real names. The head of this newspaper said that he would rather stop people from posting anything than force them to reveal their real names, thereby limiting their freedom of expression.

14. When asked to draw a picture of the sun, children, without exception, use a red crayon to draw a round sun and then add rays of sunshine around the circle. Why is this?

15-16

While the 'admission with donation' policy which grants advantage to applicants that have contributed to the betterment of the university is getting controversial, eyes are on a private university in Seoul that is pushing for the adoption of this policy. The university official says that the university will advance on the grounds that it has rights to select its students and improve the university facilities through securing a stronger budget, and will increase scholarships that will benefit students. The policy, however, has a negative aspect in that it brings social inequality. Even though the scope of the policy is clearly stated, and the donated fund may be used in a transparent way, the sentiment of the general public in Korea is that the 'admission with donation' is clearly premature.

[4회]

12. Many people who are preparing for the job market prefer major companies because of a high annual salary and benefits. However, they must look for a job which will offer them an opportunity to do the kind of work they really want to, and use all the resources they have.

13. The commodification of sex may lead people to a distorted sex culture. Seeing this irresistible trend, however, our society takes no actions to stop it, and rather seems to incite the commodification of sex. This atmosphere may create confusions in values and awareness of sex among teens.

14. Today, parents, especially well-off parents, are less likely to put their children to wellor earn money. Therefore, the saying "labor is sacred" can be encountered only in a textbool. Many teens become grown-ups ithout any experience of sweating.

15-16
Misunderstanding or communication problems will happen when people work together. Too close contacts may make people irritated and too repetitive contacts may make people lose patience. Furthermore, people are less likely to make efforts to communicate because they expect each other to do what they want to be done. We seem to hurt each other not because we lack understanding of each other, but because we become too close and familiar.

[5회]

12. It is a freedom of an individual to raise pets in an apartment house. Thus as long as you don't threat other person's security, I think you should leave this up to one's will whether it's an alligator or a dog that's being raised.

13. We need to have objective aspects when we look at certain cultural phenomenon. Because certain culture in a society is developed from the historical process of being adjusted to special environment or situation, which the society faces. you cannot ignore the value itself.

14. 'Donation-based admission system' is a system that lets a person, who is directly related to a person who donated to certain university for free of charge and therefore made a major contribution or contributed to the establishment or development of the university, enter the university under certain standards.

15-16
As a part of a social project for the people of local community, the university is receiving good feedbacks from opening the university museum to the local community. Opening the museum to the local community, the university is providing from the interpretation of collection to a meaningful educational experience to the audience. Thus, it is not only a chance to the community located in an area without national museums or a place where it lacks cultural facility, but also a chance to experience culture. If the university museum attempts to develop more diverse educational program, the university museum can establish itself as an excellent education institute.

색인

ㅈ

ㅌ

외국인을 위한

한국어 문법 연습 (고급)

편저자 연세대학교 한국어학당 교재편찬위원회
집필진 조현선·강영선·박지연·임삼미
펴낸곳 연세대학교 출판문화원

주소 서울시 서대문구 연세로 50
전화 02)2123-3380~2
팩스 02)2123-8673
ysup@yonsei. ac. kr
http://www. yonsei. ac. kr/press
등록 1955년 10월 13일 제9-60호
인쇄 (주)동국문화

2011년 9월 30일 1판 1쇄
2025년 9월 22일 1판 7쇄

ISBN 978-89-7141-965-6(03710)

값 20,000원